삶을 배우는 교실

가르침을 멈추니 배움이 왔다

강부미 지음

에듀니티

가르침을 멈추니 배움이 왔다 _ 삶을 배우는 교실

초판 1쇄 발행 | 2021년 12월 9일
초판 2쇄 발행 | 2022년 6월 10일

지은이 | 강부미

발행인 | 김병주
COO | 이기택 **CMO** | 임종훈 **뉴비즈팀** | 백헌탁, 이문주, 백설
행복한연수원 | 이종균, 이보름, 반성현
에듀니티교육연구소 | 조지연 **경영지원** | 박란희
주간 | 이하영
디자인 | 인투

펴낸 곳 | (주)에듀니티
도서문의 | 070-4342-6110
일원화 구입처 | 031-407-6368 (주)태양서적
등록 | 2009년 1월 6일 제300-2011-51호
주소 | 서울특별시 종로구 인사동5길 29 태화빌딩 9층
출판 이메일 | book@eduniety.net
홈페이지 | www.eduniety.net
페이스북 | www.facebook.com/eduniety
인스타그램 | www.instagram.com/eduniety/
　　　　　　　www.instagram.com/eduniety_books/
포스트 | post.naver.com/eduniety

문의하기

투고안내

ISBN | 979-11-6425-107-0 (03370)
값은 뒤표지에 있습니다.

삶을 배우는 교실

가르침을 멈추니
배움이 왔다

강부미 지음

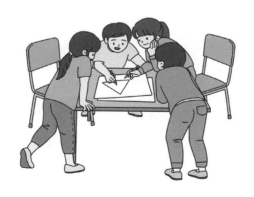

에듀니티

'수업 감수성'이 빛나는 선생님의 수업 이야기

손우정(한국배움의공동체연구회 대표)

수업을 관찰하고 나면 항상 남는 아쉬움이 있습니다. 제가 만난 수업 순간순간의 분위기와 감정을 다른 교사들에게도 보여주고 나누고 싶은데 그럴 수 없다는 것입니다. 수업의 속성이 두 번 다시 재현할 수 없는 실험과도 같아서 한번 하고 나면 그 수업의 분위기와 감정은 다시 볼 수 없기 때문입니다. 아무리 정교하게 똑같이 만들고 같은 텍스트와 과제를 사용해도 시간이 다르고 상대가 수업의 결과와 분위기는 달라져 버리기 때문입니다.

그런데 수업 순간순간의 감정과 분위기를 온몸으로 기억하였다가 대상도 과제도 다른 아이들에게 재현해 내는 교사가 있습니다. 바로 이 책의 저자, 제가 알고 있는 강부미 선생님입니다.

제가 저자의 수업을 처음 본 것은 2018년(저자가 다시 돌아가고 싶은 그해)입니다. '배움의공동체연구회' 전국운영위원 워크숍에서

초등학교 수업사례로 6학년 사회(역사) 수업을 비디오로 보았습니다. 물론 그 이전부터 광주 초등에 배공 철학 그대로 수업하시는 훌륭한 분이 계신다는 소문은 듣고 있었습니다. 그분의 수업을 전국에서 모인 120여 명의 교사들과 함께 보게 된 것입니다. 까불거나 무반응으로 일관할 것 같은 6학년 아이들이 여기저기에서 서로 묻고 집요할 정도로 서로의 생각을 나누고 보태면서 배우고 있었습니다. 수업 영상을 시청한 여기저기에서도 '어쩌면 아이들끼리 저렇게 잘 묻고 잘 배울 수 있을까요?'라는 감탄이 들려왔습니다. 모두가 감동할 만큼 아이들이 예쁘고 진지하게 배우는 수업이었습니다. 아이들의 배움과 그 배움에서 다시 발하는 아이들의 질문 그리고 그런 배움과 질문이 나오도록 정성스럽게 짜인 수업디자인에 감동과 놀라움을 감추지 못하던 기억이 있습니다.

그리고 2019년 11월, 강부미 선생님의 수업을 참관하기 위해 교실을 방문하였습니다. 쉬는 시간에 이 구석 저 구석에 모여 차분하게 노는 아이들을 보았습니다. 무엇이 아이들을 이렇게 차분하게 만들고 있는 것일까? 교실을 둘러보니 아이들이 모인 곳에는 초록의 작은 화분들이 줄지어 있거나, 조그만 러그가 따뜻한 분위기를 자아

내며 깔려 있고 작고 예쁜 의자와 방석이 놓여 있어서 편안한 카페를 연상하게 하였습니다. 뻔하게 규격화된 '환경정리'의 흔적도 없는, 화려하고 푹신한 소파로 혁신한 공간도 아닌 작고 소박한 이 공간이 표현 그대로 '가고 싶고 머물고 싶은 교실', '아이들의 안식처'가 되어 있었습니다.

드디어 4학년 4반의 수학 수업이 시작되었습니다. '정다각형의 특징'을 알아보는 수업으로 교사가 아이들과 마주한 정면에 앉자마자 조용히 수업은 시작되었습니다. 교사가 작은 소리로 소곤소곤 속삭이듯 이야기해도 아이들은 잘 알아듣습니다. 배움에서 아이들의 '듣기'를 소중하게 여겨 온 교사의 노력이 엿보입니다.

수업은 도형으로 다각형을 만나고 다시 주변의 사물과 연결하여 다각형을 확인한 후, '정다각형을 조각으로 나누어 한 각을 구하는' 기초 과제와 '각도기나 자를 사용하지 않고 정다각형 성질을 이용하여 각도를 구하는' 점프 과제로 이어져 갔습니다. 그런데 놀라운 것은 초등 수업 40분에서 15분을 점프 과제, 즉 도전 과제에 할애하고 있다는 사실입니다. 교사들이 '활용의 배움 = 점프 과제'에 실패하는 이유 중 하나가 기초를 다져야 점프 또는 활용이 가능하다고 믿고 기초 과제에 지나치게 오랜 시간을 두기 때문인데, 이 수업에서는 과감하게 15분을 점프 과제에 할애하고 기초가 아닌 '점프 과제'에 오히려 배움의 승부를 걸고 있었습니다. 선생님의 이 대담한 배짱은 어디에서 나오는 걸까? 강부미라는 교사가 궁금해지는 순간이었습니다. 각도기나 자를 사용하지 않는다는 전제가 아이들을 주춤하게 하지만 아이들은 포기하지 않고 일단 문제에 매달리기 시작합니다, 그리고는 잠시 후 "여기가 '정'이면 좋겠는데…", "여기만 알면 나도 알겠는데…", "쉬워 보이는데 왜 이렇게 안 되는 거야?" 아이들의 꿍꿍거림이 교실을 배움의 장으로 만들어 냅니다.

2018년 비디오로 만난 6학년 수업에서도 그렇고 2019년 교실에서 생생하게 만난 4학년 수학 수업, 2020년 원격으로 진행된 수업에서도 모두 아이들은 한결같이 서로 묻고 배우고 교사는 아이들 눈높이로 자신을 낮춰 작은 소리로 소곤소곤 아이들과 대화하며 학생처럼 아이들의 이야기를 듣고 있었습니다. 교실 풍경이 이보다 더 아름다울 수 있을까요?

저는 강부미 선생님의 한결같이 따뜻하고 정성스러운 수업을 만드는 능력이 '수업 감수성'이라고 생각합니다. 온몸으로 수업을 느끼고 아이들을 돌보며 수업의 분위기와 아이들의 감정까지 기억하여 그 기억의 성찰로부터 배우고 성장하는 힘, 그게 바로 '수업 감수성'이 아닐까요? 그것은 교직을 천직으로 알고, 아이들보다 학교 가기를 좋아하고 아이들을 기다리고 만나는 일이 행복한 교사만이 가질 수 있는 것이라 생각합니다.

마지막으로 교사의 '수업 감수성'이 빛나는, 수업 이야기인 이 책을 전국의 초중고 교사는 물론 교사의 일이 궁금한 학부모에게도 꼭 일독하기를 권합니다.

샘, 떠들지 마세요

"어디까지 했니? 어려워? 어느 부분에서 막혔어? 친구들은 어떻게 생각하는지 물어봤어? 대화를 해, 대화를."

모둠을 돌면서 아이들 활동을 도와준다. 멍하니 있는 아이들에게 나는 쉴 새 없이 주문을 한다. 그때, 철람이가 내게 툭 던지듯 말했다.

"샘, 떠들지 마세요."

"좀 조용히 해 봐요. 생각 좀 하게."

아이들은 아무것도 안 하고 있던 것이 아니라, 생각을 하고 있었다. 나는 그대로 얼어붙었다. '그렇지, 생각이라는 것을 해야지.'

나는 아이들 활동을 방해하고 있었다. 왜 그랬을까? 가만히 두면 해낼 텐데, 그냥 좀 기다려 줘야 하는데….

그로부터 몇 년이 지났다. 코로나19로 '수업'은 네모난 모니터 안으로 들어가 버렸다. 온라인 실시간 수업, 아이들은 교실에 없다. 모니터 너머, 멀리 자기 집 방 안에 있다. 교실에는 덩그러니 나 혼자다. 스물다섯 명 아이들이 작은 모니터 프레임 안에 꼬물꼬물 갇혀 있으니 보기에도 답답하다. 나는 점점 말이 많아지고, 목소리가 커지면서 어느새 수업을 장악하려 하고 있었다. 아마도 내 목소리는 교실 너머 복도 끝까지 쩌렁쩌렁 울렸으리라.

"선생님, 너무 시끄러워요. 조용히 좀 해 주세요."

'아, 이 말! 언젠가 철람이한테 들은 말….'

나는 또 한 번 얼어붙었고, 말을 멈췄다. 한동안 침묵이 흐르고, 아이들은 한두 마디씩 툭툭 건네기 시작했다.

"아, 알겠다. 나 알았어. 아, 아닌가?"

"어? 이거 그거네, 어제 배운 거…."

"그게 뭔데? 어제 뭐?"

"그거 있잖아, 평행사변형 두 각 더하면 180도 되는 거."

"아, 아, 아 맞다, 그거네. 마주 보는 각 180도 되는 거."

"마주 보는 각 아니고, 그 뭐더라? 바로 옆에 있는 각, 그거 아니야?"

"아, 맞다. 이웃 각 두 개 더하면 180도 되는 거."

"아, 그러네, 그거네. 이제 할 수 있겠다."

"자, 그럼 일단 첫 문제부터 같이 해 보자. 히히, 재밌겠네."

"근데 왜 그… 이웃 각 그거 두 개 더하면 180도가 돼?"

아이들은 랜선을 타면서 배움의 희열을 맛보고 있었다. 교사가 조용히 기다리니 아이들이 떠들기 시작했다.

강물처럼 흐르는 배움의 순간을 함께한 나의 아이들이 있다. 아마 이 책을 읽으면서 구석구석 숨어 있는 자기 이름을 찾아낼 것이다. 영화 필름처럼 되돌려 그때 그 상황을 다시 볼 것이다. 아이들이 옛날 생각을 하며 입가에 미소를 띠는 모습을 그려 본다. 그 기억으로 지금도 나와 아이들은 성장하고 있으리라.

책 몇몇 장에 아이들과 교감 소통하는 장면에서 감정을 감추지 못하고 드러낸 부분이 있어, 혹시 개인의 자랑으로 여겨질까 염려된다. 하지만 이는 나의 사례를 드높여 밝히고자 함이 아니다. 내가 아이들과 수업에서 느낀 기쁨을 많은 선생님과 나누고 싶은 열망의 거친 표현으로 이해해 주기를 바란다.

내가 수업에서 느끼는 크고 작은 감동은 나만의 것이 아니다. 실제로 많은 선생님이 자신의 방식으로 아이들과 삶의 여정에 동행하

고 있다. 작은 경험과 사례가 모여 넓고 깊은 강물로 넘실대며 흐르
기를 기대한다.

※ 필자 수업의 아이들 이름은 실명 마지막 자 앞에 '철'을 붙였다. 철준, 철윤,
철효, 철연… 아이들이 좋아하는 '철 시리즈'다. 같은 이름으로 표기되어도
다른 아이일 수 있다.

※ 필자의 수업 철학은 『수업이 바뀌면 학교가 바뀐다』(사토마나부 저, 손우정 역,
에듀니티, 2011년), 『배움의 공동체』(손우정 저, 해냄, 2012년) 두 권의 책에
서 깊은 영향을 받았으며, 많은 부분을 참고, 인용하였음을 밝힌다.

차례

1부 잠깐 멈춤

01 존재를 빛내주는 배경

02 걸어온 길을 돌아보다

2부 이 길이 맞나

03 괜찮아, 한 걸음만 더

차례

3부 길 위에서 만나다

07 불편하면 안 되지

08 어느새 스미다

09 그것을 말하고 있을 때 행복하다

차례

1부

잠깐 멈춤

문득 멈춰 돌아보니
나는 수업을 하고 있다.
수업 안에 있다.
그냥 있다.
아이들 안에…

01
존재를 빛내주는 배경

이런 사람이었구나

"2018년으로 할게요."

지나간 인생에서 1년을 다시 살게 해 줄 테니 마음대로 골라 보라고 하면, 나는 주저 없이 2018년을 선택할 것이다. 수명을 10년 단축하는 대신 그때를 한 번 더 살아볼 거냐고 해도 '그렇게만 해 주신다면야' 기꺼이 허락할 것이다. 이유는 간단하다. 가장 행복한 한 해였다. 내가 가장 나 답게 살았다.

아침에 교실 문을 열면서 '아, 곧 아이들이 오겠구나!' 가슴이 설레고 손은 떨렸다. 창문을 열어 환기하고 화분에 물을 주고 있으면 콧노래가 절로 나왔다. 허브차를 끓이고, 집에서 준비해 온 간식으로 아이들 책상을 예쁘게 세팅한다. 교실 맨 뒤쪽 빈자리에 앉아서 책을 읽다가 아이들을 맞는다. 교실에 들어서는 아이들과 하이파이브와 눈인사를 할 때는 '아, 어쩌면 이렇게 이쁠까…' 입꼬리가 저절로 올라간다. 아이들은 나와 손깍지를 한 채로 재잘재잘 말이 많다. 교실에 들어오며 얼굴을 찡그리는 아이가 한 명도 없다. 집에서 언짢은 일이 있었을 수도 있는데, 교실에 들어서는 순간 다 잊고 환한 얼굴이 된다.

선선한 아침 공기 속에서 아이들과 한 호흡으로 책을 읽는다. '책장 넘기는 소리' 시간, 고요하고 평화로운 시간이다. 모두 제각각 자기 인생의 하루를 살아내듯이 자기 책장을 한 장 한 장 넘기고 있다. 아이들도 나도 마음에 들어오는 한 구절을 서로 나누고 싶어서 안달이 난다.

　수업 시간, 아이들이 나누는 대화를 듣는 것은 완벽한 희열이다. 대화만이 아니다. 서로 아무 말도 못 하고 생각만 맴돌면서 주춤거리는 순간의 진동, 나는 그것을 어떤 말로도 표현할 수가 없다. 한 아이의 발언이 끝나면 잠시 자연스러운 침묵 속에서 같고도 다른 생각을 키우던 그 순간, 그것은 내가 지금껏 어떤 만남에서도 경험하지 못한 새로운 세계였다. 선생과 학생이 따로 없었다. 단지 친한 친구들이 서로 이해하고, 마음 놓고 실수하고, 신뢰하면서 은은한 눈빛으로 따뜻하게 지지할 뿐. 새벽까지 고민하면서 만들어 낸 A4 한쪽 짧은 활동지를 앞에 두고 벌이는 모둠 친구 4명의 향연을 보는 것은 환희였다. 그냥 수업일 뿐이었다. 게으름 피우지 않고, 열심히 연수 쫓아다니고, 책에서 연수에서 배운 것을 되새겨 보고 그대로 터덕터덕 시도한 수업일 뿐이었다. 그런데 숨이 탁 멎는 두근거림은 수시로 찾아왔다. 그 순간 아이들이 나를 온전한 나로 만들어주었다.

　아니다. 돌이켜 보니 이 아이들과 사회, 도덕 과목으로 처음 만난 2017년에도 그랬고, 3학년 아이들과 처음으로 배움중심수업을 해 보겠다고 새로운 길에 용감히 한 발 들여 놓은 2016년에도 그랬다. 2019년 4학년 아이들도 매시간 수업을 예술로 만들어주었다. 2020년 온라인 수업으로 만나면서 교실 수업을 애타게 기다리던 우리 반 4학년 아이들과의 수업에서도 매 순간 심장이 요동쳤다. 아, 그러고 보니 담임도 아닌 올해 2021년도 수학 시간을 즐겁게 기다려 준 아이들도 있다. 내일의 수업을 상상하면서 밤늦게까지 학교에 홀로 남아 있게 한 것은 아이들이었다.

모든 순간이 넋을 놓게 하는 꽃봉오리였다. 수업은 내가 '나를 만나게' 해주는 길이었다. '내가 이런 사람이었구나.'

무한한 신뢰

수업이 끝나고도 아직 수업의 여운에서 빠져나오지 못하고 멍하니 있었다. 철효가 다가와서 눈을 맞추면서 씨익 웃으며 엄지척을 한다. 철지는 그 수업이 어떻게 만들어졌는지, 내 머릿속을 들여다보고 싶은지 내 수업 노트를 뒤적이다가 고개를 끄덕이며 웃어 주고 간다. 교실 한 모퉁이에서는 아직도 수업 중인 아이들이 있다. 친구를 보면서 애정 어린 웃음과 함께 목소리를 높이면서 자기 생각을 설득하고 있다. 수업이 끝났지만, 친구가 이해하지 못한 부분을 어떻게든 알려주고 싶어서 머리를 맞대고 있는 아이들 모습은 더없이 사랑스럽다. 아이들은 수업에 재빨리 들어오고, 나갈 때는 천천히 나간다.

아이들은 저마다의 속도와 숨결로 배운다. '수업'이라는 이름으로 내가 아이들에게 배움을 주고 있다고 생각했다. 아니었다. 아이들은 스스로 배우고 있고, 단지 그 중심에 대화가 있었을 뿐이다. 아이들이 스스로 배우는 원동력은 무엇일까?

아이들은 배운다는 것이 즐거운 일임을 알아버렸다. 피시방에서 친한 친구와 좋아하는 게임을 마음껏 하는 것, 운동장에서 땀 흘리며 신나게 축구하는 것, 좋아하는 아이돌 콘서트 티켓을 손에 쥐고 공연일을 기다리는 것, 눈치 보지 않고 핸드폰을 마음껏 가지고 노는 것,

이런 재미와 또 다른 차원의 즐거움이 있다는 것을 아이들은 알아버렸다.

아이들은 '함께하는 것'의 가치를 알게 되었다. 한 시간 수업을 위해서 선생님이 밤을 꼬박 새워 디자인한 수업에 아이들은 성큼성큼 들어온다. 친구들과 생각을 나누는 것이 배움의 시작이다. 배움은 본디 혼자서 하는 좌학(坐學) 활동이 아니라, 친구와 대상(text)을 함께 나누는 것이다. 그 즐거움의 가치를 충분히 음미하고 있다. 아이들은 알고 있다. 내가 행복하려면 우리 반 모두가 행복해야 한다는 사실을. 아이들은 친구들과 함께 살아가는 법을 체득하고 있다. 아이들이 배움의 자리에 기꺼이 나를 끼워 주었다.

아이들과 하는 상담은 일 년 내내 이어진다. 별걱정 없이 하루하루가 마냥 즐거운 아이들도 담임과 상담 시간에는 할 말이 참 많다. 나는 그저 고개만 끄덕이며 들어주면 된다. 교사가 진심으로 마주하면 아이들은 반드시 보답한다. '우리 선생님에게 나는 꽤 중요한 사람이구나. 나는 선생님에게 사랑받고 있구나.' 이런 믿음은 나도 무언가를 잘할 수 있다는 자신감과 스스로 쓸모 있는 사람이라는 자부심으로 이어진다.

아이들을 위해서 시작한 상담은 언젠가부터 나에게 소중한 힐링 타임이 되었다. 방과 후 아이들이 모두 떠난 호젓한 교실 구석에서 두 사람이 따뜻한 차를 사이에 두고 이야기를 주고받는다. 이 얼마나 황홀한 시간인가. 서로에게 온 마음을 기울이고, 바라보고, 들어주는 즐거움이란…. 아이들이 가끔 채 아물지 않은 상처를 꺼내 놓으며 눈물을 흘린다. 아이들과 나눈 대화는 아이와 나를 함께 치유하고 키운다. 그 시간이 더할 나위 없이 소중하다. 어느새 아이들이 나를 돌보고 있었다. 아이들에게 사랑을 건네는 순간 그 사랑은 몇 곱절 커져서 나에게 돌아왔다. 존재와 존재가 만나는 소중한 시간, 내가 놓치고 싶지 않은 원칙이 있다. '빠른 해결이 아니라, 협력해서 겪어간다.'

아이들이 일기장에 진짜 자기 이야기를 쓰기 시작하면 일기장 상담은 빛을 발한다. 일기장에 선생님이 읽어도 되는 글, 읽어 주었으면 하는 글에는 포스트잇을 붙이는 약속이 있다. 우리 반 전체가 함께 쓰는 일기장도 있다. 누구든지, 어떤 글이든지 쓸 수 있다. 나도 가끔 아이들에게 부탁이 있을 때, 서운한 일이 있을 때, 감동받은 일이 있을 때, 우리 반 일기장을 애용한다. 아이들이 모두 돌아간 후 뒷정리를 마치고, 커피 한 잔을 들고 교실 카페 테이블에서 반 일기장을 펼친다. 유난히 힘든 날도 일기장을 펼치는 순간 바로 평화로워진다. 다음 날 아이들이 적은 댓글을 보면 효과가 제법 쏠쏠하다. 함께 쓴 우리 반 일기장 세 권은 졸업 전에 가위바위보 경매에서 이긴 아이들이 차지했다.

아이들을 깊이 알기 위해서는 시간과 애정이 필요하다. 좋은 관계에서 수업은 잘 된다. 좋은 관계는 어떻게 만들 수 있을까? 내가 온전한 마음을 주었을 때, 아이는 더 이상 학급을 구성하는 한 부분이 아니라, 그 자체로 온전한 전체가 된다.

'작은 일은 결코 작은 일이 아니다. 그 부분 그대로가 곧 전체다.'

(『검색의 시대, 사유의 회복』, 법인)

학생과 교사 사이에 '경계 세우기'를 강조하는 시선도 있다. 나는 경계라는 말이 조금 어색하다. 좋은 관계에서 아이들은 스스로 자기 자리를 찾는다. 아직 그런 일은 없었지만, 혹시 경계가 무너진다면, 거기서 다시 대화하면 된다. 경계의 담장이 있으면 가까이 닿을 수 없다.

'닿다'를 사전에서 찾으면 어떤 말이 나올까? 내 사전에는 '보이지 않는 벽이 허물어지고, 무한한 신뢰를 주고받는 것'이다. 그 순간 아이들과 아이들이, 아이들과 내가 서로 닿는다.

벗이 된다는 것

새 학년이 시작하는 2월, 담임들이 모여 반 뽑기를 한다. 흰 봉투 안에 아이들 이름이 들어 있다. 이전 학년 선생님들이 아이들 사정을 고려해서 신중하게 반 편성을 했지만, 특별히 선생님과 친구들을 힘들게 하는 아이의 이름이 있을지는 초미의 관심사이다.

봉투를 선택하고 종이를 꺼내서 재빠르게 스캔한다. 모두가 피하고 싶은 그 아이 이름이 있는지 없는지. 일 년 운명이 결정되는 찰나. 내 손 안에 있으면 눈앞이 저절로 깜깜해진다. 피할 수 없는 순간이다. 모두가 촉각을 곤두세우고 있는 아이 이름이 내 손에 있었다.

"다행이에요. 이 아이가 선생님 반이 되어서."

"이 아이는 복도 많아요. 어떻게 선생님 손에 들어갔을까요?"

"괜찮아요."

어떤 아이라도 우리 반 수업에서는 행복해질 것이라는 믿음이 있다. 그 어떤 아이라도. 동료 교사들의 위로를 들으면서 나는 얼굴도 모르는 아이 부모님이 떠올랐다.

아이들이 밭의 농작물이라면 교사는 밭을 일구는 농부다. 농작물이 잘 자라도록 온갖 정성을 들인다. 정성을 다했더라도, 가뭄이나 폭염에 시들시들 말라갈 수도 있다. 태풍이나 폭우로 한 해 농사가 망할 수도 있다. 하지만 어떤 농부도 밭을 탓하지는 않는다. 시골에 계시는 어머님도 그러셨다. 아버님이 돌아가신 후 몰라보게 몸이 쇠약해지고 허리가 90도 직각으로 구부러지셨는데도, 틈만 나면 뒷밭을 가꾸신다. 넓은 밭에 고추, 참깨, 콩을 며칠 만에 뚝딱 심으셨다. 걱정이 되어 제발 농사를 그만하시라고 말려도 소용없다.

"내가 키운다냐, 다 지들이 알아서 크지. 나는 그냥 실실 둘러보기만 할란다."

어머님이 무릎 수술로 병원에 오랫동안 입원해 계실 때는 동네 어르신들이 돌아가며 밭을 돌봐주셨다.

아이들은 부모님과 함께 키워야 한다. 함께 키우려면 벗이 되는 것이 먼저다. 친구가 되어서 이야기를 나누다 보면 아이가 잘 보이고, 아이 부모님 인생도 만난다. 부모님과 벗이 되면 내가 쏟는 노력은 반의반으로 줄어든다. 더불어 내가 가꾸는 밭의 고추랑 참깨, 콩은 탱글탱글 튼실하게 자란다.

조금 더 예뻐도 괜찮아

행복한 교실에서 행복한 수업이 나온다. 교실은 모든 아이를 반겨주는 공간이어야 한다. 공부를 잘하는 아이에게도, 못하는 아이에게도 교실은 따뜻한 곳이어야 한다. 아이들이 교실에 머무는 시간이 얼마나 될까? 초등학교 6년만 헤아려도 6,000시간이 훌쩍 넘는다. 어마어마한 시간이다. 교실 공간은 조금 더 예뻐도 괜찮다. 첫날, 아이들이 우리 교실 첫인상에 반하게 만들어야 한다.

"우와, 교실이 왜 이렇게 예뻐요!"

'새로운 우리 교실에서 뭔가 좋은 일이 많이 생길 것 같아. 올 한 해 행복할 것 같은 좋은 예감이 들어.' 아이들이 이렇게 느끼게 하는 것, 그것이 나의 목표이다.

나의 교실 콘셉트는 '매일 오고 싶은 공간, 오면 집에 돌아가기 싫은 공간'이다. 도심 학교는 아파트로 둘러싸여 있어 전망이 삭막하다. 우선 예쁜 화분에 식물을 많이 데리고 온다. 그것만으로도 절반은 성공이다. 식물의 초록 빛깔은 인테리어 초보도 성공을 보장해 준다. 식물 키우기에 서툰 탓에, 학교 근처 꽃집 단골손님이 되었다. 아이들과 가는 꽃집 나들이도 소소한 행복이다. 그림책 『리디아의 정원』에서처럼 아이들에게 정원사라는 별명도 얻었다.

다음에는 교실에서 원색을 치우는 작업을 한다. 초록색 게시판, 노란색 모둠 바구니, 교사 책상 유리 아래 초록색 부직포, 파란색 쓰레기통, 노란색 칸막이 연필꽂이, 빨간색 선풍기 커버, 형형색색 부직포로 만든 벽걸이 시간표까지 교실은 온통 강한 원색 퍼레이드다. 너무나 당연하게 오랫동안 자리를 지키고 있던 것들이다. 그것들이 비켜준 자리에 나무 연필꽂이, 아이보리 광목천, 조약돌 자석 시간표, 유칼립투스 리스를 넣었다. 그것만으로도 눈이 편안해진다. 원색은 한 귀퉁이에 화사한 꽃 화분 한두 개면 충분하다.

　다음은 수많은 '글자들'을 치운다. 교실은 해야 할 것과 하지 말아야 할 것을 명시하는 글자들로 포화상태이다. 게시판에는 '꿈이 자라요', '사랑하는 우리 반', '우리들의 솜씨' 등 코팅된 글자가 중앙에 걸려있다. '생일 축하해요', '독서 오름판' 등 필수품 대우를 받는 글자들이 붙박이처럼 붙어 있다. 정면 칠판 양옆에도 대형 포스터와 학급 규칙

등이 **빽빽**하다. 글자들을 치우고 공간을 비우니 숨이 편안해진다. 유럽 여행 중에 도시 거리가 아름다워 보이는 이유가 궁금했다. 거리에는 플래카드가 없었고, 간판 크기가 아주 작고 디자인이 예뻤다.

우리 반 인테리어 정점은 역시 교실 카페다. 6학년 5반 아이들은 '카페 65'로, 4학년 아이들은 4학년답게 '행복한 카페'로 이름 지었다. 교실 뒤쪽 모퉁이에 여름에는 돗자리, 겨울에는 카펫을 깐다. 방석과 쿠션과 작은 테이블을 두었다. 쉬는 시간, 중간놀이 시간에 친구들과 수다 떨기 딱 좋은 공간이다. 방과후 교실 가기 전에 뒹굴면서 책도 보고, 하교 후 친구랑 헤어지기 싫은 날은 보드게임도 한다. 어쩌다 친구와 사소한 갈등이 있는 날은 카페에 남아서 나직이 대화한다. 나도 모르는 갈등이 어느새 아이들끼리 해결되고 아무 일 없었다는 듯 어깨동무하고 하교한다. 선생님과 상담할 때도, 친구들과 또래 상담할 때도 카페는 마음을 열어주는 마법의 공간이다. 운동장에서 실컷 축구하고 와서 자기 방처럼 드러누워 있기도 한다.

"선생님 몇 시에 퇴근하세요? 같이 퇴근해요."

특별할 것 없는 조그만 공간이 갖는 힘은 뜻밖에 무한하다.

졸업식이 다가오는 어느 날, 철인이가 무심하게 말했다.

"샘, 이제 이 공간도 없어지네요."

'없어지긴…, 우리 마음에 남아 있지.'

우리는 서로의 존재를 빛내주는 배경이 되어 있었다.

02
걸어온 길을
돌아보다

책이 사람을 바꿔?

수업에 철학은 무슨….

고백하건대 내 수업에는 어떤 철학도 없었다. 인생철학도 빈약한데, 수업에 철학이 있어야 한다는 것은 상상조차 못 했다. 교과서와 지도서를 열심히 읽고, 성실하게 가르쳤다. 아이들이 '빨리빨리' 지식을 습득할 수 있도록 효과적인 방법을 찾았다. 속도가 중요했고 이정표가 어디로 향하는지 생각하지 않았다.

무엇보다 수업을 삶과 연결하여 관통하는 그 무엇이 없었다. 가르칠 내용을 점검하고, 아이들에게 어떻게 하면 지식을 효율적으로 전달할 수 있을까 고민했다. 몇 명이 목표에 도달했는지 점검하면서 혼자 흐뭇해하는 순간들이 얼마나 많았던가. 아이들이 지루하지 않도록 자료를 찾아 여기저기 헤맸고, 비장의 보물 보따리를 풀어놓듯 화려한 자료로 아이들 관심을 끌었다. 스스로 만족했다. '나만큼 성실한 교사도 드물지. 이만하면 열심히 준비한 수업이고, 나 정도면 괜찮은 교사 아닌가.' 단 한 시간도 허투루 보내지 않았다. 착실하게 준비해서 잘 '가르친' 수업, 딱 그곳에 머물러 있었다.

나를 뒤흔든 우레, '배움의 공동체'를 만나기 전까지는.

2015년, 인터넷 서점에서 우연히 『수업이 바뀌면 학교가 바뀐다』(사토 마나부, 손우정 역)를 만났다. '무슨 제목이 이래? 제목부터 나와는 상당히 거리가 멀군. 나는 지금 수업을 잘하고 있는데, 내 수업은 바꿀 필요도 없고 바뀔 것도 없지 뭐.'

순전히 지적 허영심으로 펼쳐본 책은 첫 장부터 작가 박웅현 님의 표현처럼 도끼로 내 머리를 후려쳤다. 천둥 치듯 내 정신을 깨웠다. 내가 붙잡고 해 온 수업이 고속철도 바깥 풍경처럼 휙휙 지나갔고 얼굴이 달아올랐다. 나는 저자 서문, 역자 서문, 프롤로그를 넘기면서 알아챘다. '이 책이 너덜너덜해질 때까지 형광펜 색깔을 바꿔 가며 읽을 것이고, 이 저자와 역자 책을 모두 읽을 것이며, 곧 새로운 항해를 시작하겠구나.'

한 문장, 한 단어에 주목하였다. 눈을 뗄 수가 없었다. 공공성, 민주주의, 탁월성이라는 비수가 과거 내 수업 장면에 꽂혔다. 어떤 수업을 할 것인가? 어떤 교사가 될 것인가? 그동안 내 수업 장면에는 '어떤'이 빠져 있었다. 철학이 없었다. 그냥 교사였고, 그냥 수업이었다. 이 책을 열 번은 넘게 읽었다. 읽을 때마다 새로운 문장이 살아 숨 쉬면서 책 속에서 튀어나왔다. 손우정 교수가 어떤 사람인지 궁금했고, '배움의 공동체'라는 교사들의 수업 연구회를 알게 되었다. '세상에 이런 것이 있구나.' 원격연수를 신청하고 복습 기간이 만료될 때까지 듣고 또 들었다. 분명 같은 강의인데 들을 때마다 새로운 내용이 나왔다. 손우정 교수의 한 마디 한 마디가 지난날 내 수업을 소환하며 가슴을 후벼 팠다.

왜 여태 몰랐을까? '무엇이 있어도 있는 경우가 있고, 무엇이 있어도 없는 경우가 있다'는 법인 스님의 말씀이 맞구나.

'철학'은 단어만으로도 우리를 주춤거리게 만든다. 수업도 어려운데 거기에 어떤 철학을, 어떻게 담아내야 하는지 도무지 감이 오지 않았다. 이오덕 선생님은 "올바른 철학이 있어야 비로소 제대로 그 일을 할 수 있다"고 하셨다. '철학'이 어려우면 '생각'이라도 바꿔 볼까? 일 년에 수백 시간, 교사에게도 아이들에게도 일상이 되어버린 수업 안에 우리는 무엇을 담아내야 할까?

첫째는 '공공성'이다. 수업은 공공의 것이다. 수업이 사적인 것이면 안 되고, 교실도 수업도 교사 개인 사유물이 아니라고 한다. 수업은 '열려 있어야' 하고 기꺼이 '나누어야' 한다.

'사토 마나부' 교수는 『수업이 바뀌면 학교가 바뀐다』에서 말한다. '교실을 닫고 있는 교사는 공교육의 교사라 부를 수 없다. 자신의 교실을 사물화하고 아이들을 사물화하고 교사의 일을 사물화하는 것에 지나지 않기 때문이다.'라고.

매년 의무 수업 공개를 한다. 동료 교사는 오지 않고, 교장 선생님, 교감 선생님이 잠깐 보고 지나치는 것에 감사했다. 이렇게 형식적인 수업 공개도 부담이었다. 그런데 수업을 공개하지 않는 교사는 공교육의 교사로서 자격이 없다고 꾸짖는다. 나름 괜찮은 교사라고 자부하고 지낸 세월이 순식간에 무너진다.

'배움의 공공성'을 수업에서는 어떻게 구현할까? '단 한 명의 아이도 배움으로부터 소외되지 않는, 질 높은 배움을 보장하자.'(『배움의 공동체』, 손우정) 어떻게 마지막 한 명의 아이까지 함께 데리고 간단 말인가? 밤새 게임하고 학교에 와서는 하루 종일 엎드려 자는 아이, 수업 방해가 유일한 즐거움인 아이도 있는데. 가정의 돌봄 공백으로 몸과 마음이 지쳐서 누구와도 관계 맺기를 어려워하는 아이, 심지어 여러 가지 원인으로 의학적인 치료가 절실한 아이들까지 해가 갈수록 교실에는 특별한 아이들이 늘어난다. 교사도 사람인데 아무리 열심히 노력한다 해도 한두 명 정도는 어찌할 수 없는 일 아닌가? 어떻게 한 명도 빠짐없이 배움의 울타리 안에 머무르게 할 것인가? 그것도 '질 높은 배움'으로. 이건 이상주의적 발상 아닌가? 아니다. 그 한 명이 나라면, 내 아이라면 상황은 달라진다.

공공성 철학을 내 수업 안에 녹이고 싶다면 마지막 한 명까지 손을 놓아서는 안 된다. 한 명은 이미 전체다. 교사가 반 전체에게 말할 때, 실은 한 명 한 명에게 말을 걸고 있다. 집단이란 개인과 개인이 씨실과 날실 관계로 얽힌 그물망일 뿐이다. '맞구나! 한 명의 아이도 배움의 장에서 소외되면 안 되는구나. 단 한 명이라도…' 이렇게 명확한 것을 그동안 우리는 효율을 내세워 외면해 왔다.

둘째는 '민주주의'다. 민주주의 사회는 '다양한 타자와 함께 살아가는 사회'이다. 개인의 존엄이 실현되면서 함께 살아가는 시스템을 갖춘 사회, 다양성이 인정되면서 개인과 전체가 공존할 수 있는 사회다. 아이도 교사도 모두가 주인이 되는 수업 안에서 자신의 존엄이 지켜져야 한다. 다양성과 차이를 인정하는 '타자 감수성'을 키우는 연습을 일 년에 수백 시간 반복하면서 건강한 시민으로 살아갈 힘을 길러야 한다. 배움은 친구와 함께 살아가는 삶의 방법을 깨우치는 것이다. 사회책에 밑줄 그으며 외우는 박제된 개념의 민주주의가 아니라, 교실에 민주주의가 살아 숨 쉬게 해야 한다. 다양성으로부터 배우는 연습을 수업에서 실천할 때 교실은 '체험, 민주주의 현장'이 된다.

우리는 모든 아이들에게 같은 기준을 적용하고 그에 도달하도록 강요해 왔다. 기준에 도달하지 못한 아이들은 패배자가 되었다. 이 거대한 시스템의 패배자는 공부뿐 아니라 어떤 것에도 의욕이 없어진다. 충분한 자신감이 쌓일 때까지 기다려주는 곳, 공부를 잘하는 아이와 못하는 아이가 인간으로서 존엄한 가치를 누리면서 함께 살아가는 곳, 교실은 바로 그러한 삶의 민주주의 현장이어야 한다.

얼마 전 뉴스에서 서울의 한 아파트 단지 안에 임대 아파트와 분양 아파트를 같이 시공하는 문제가 제기되었다. 관련 정책을 정확히는 모르지만 기사에 따르면, 용적률을 올려 층수를 높게 짓도록 허가해주는 대신 주택 공급 공공성 취지를 살려 일정 비율만큼 임대 아파트를 의무적으로 시공해야 한다는 것이다. 취지대로라면 외관상으로 구별되지 않게 임대 아파트와 분양 아파트를 같은 단지에 시공하는 것이었다. 그런데 집값이 떨어진다는 이유로 분양 아파트 주민들의 반대에 부딪힌다. 결국 건설회사는 임대 동과 분양 동을 멀찌감치 떨어뜨려서 한눈에 봐도 서로 다른 아파트인 것처럼 만드는 데 성공했다. 언뜻 봐도 임대 동은 낮은 상가 건물처럼 보였다. 아파트 입구까지 가는 길도 달랐고, 높이, 외관 디자인도 모두 달랐다. 공존하는 대신 어떻게든 따로 구별해 집값을 지키는 방법을 찾아냈다.

뉴스를 보면서 수준별 우열반, 학교 서열화가 떠올랐다. 연수에서 만난 한 선생님은 공부를 잘하는 아이와 못하는 아이가 같은 활동지를 풀고 있는 것이 비효율적이라고 주장하였다. 공부를 잘하는 아이는 자기 실력에 비해 훨씬 쉬운 활동지를 빠른 속도로 다 풀고 시간을 낭비한다는 이유라고 한다. 또한, 못하는 아이를 도와주는 것도 시간

낭비라고 했다. 그 시간에 자기 수준에 맞는 심화 문제를 더 풀어 보는 것이 도움이 되니까, 활동지는 반드시 수준별로 제공되어야 한다고 했다. 우리는 무의식 뿌리 끝까지 '효과적이며 효율적으로 철저히 따로 살아가는 방법'을 강요받고 있다.

한때 수준별 학습지가 유행했다. 교사들은 분유통에 색지를 입혀 학습지를 꽂아 두고 아이들은 자기 수준에 맞는 상급, 중급, 하급 학습지를 골라서 푼다. 수준별 학습지는 언뜻 효율적인 듯 보인다. 누구의 도움을 받을 필요도 없고, 친구를 도와줄 필요도 없다. 어려우면 쉬운 것을 가져가서 풀면 된다. 그런데 이게 최선일까? 고등학교 때 아주 잠깐 야간 자율학습 시간에 심화반 영어, 수학 수업을 받은 적이 있다. 반대 여론이 많아서 곧 폐지되었지만, 심화반 교실로 이동해서 수업을 들을 때 일반수업 시간과는 다른 묘한 느낌이 있었다. 공부를 잘해서 특별한 대우를 받는 것이 싫지는 않았지만, 그렇게 좋지도 않았다. 여러 생각이 들었고 학교에서 알게 모르게 배운 가치들과 상충되는 것을 느꼈다. 공동체 안에서 더불어 살아가는 당위성, 공교육이 내뿜는 자연스러운 공공성, 나와 친구가 공존할 때의 편안함, 그런 가치들이 상실된다는 것에 불편함을 느꼈다. 때로는 효율보다 비효율이 더 큰 내재적 가치를 지니기도 한다. 타자와 함께 살아가는 방법을 교실 안에서, 수업 안에서 구현해야 한다. 다름의 스펙트럼이 넓을수록 민주주의를 잘 배운다.

6학년 사회 시간에 인권 수업을 했다. 활동지 글을 읽고, 어떻게 하면 좋을지 모둠 친구들과 의논해 보자고 했다.

우리 가족은 부모님, 언니, 나, 동생 이렇게 다섯 명입니다. 부모님께서 밤낮없이 힘들게 맞벌이하신 지 20년 만에 삼각동 새 아파트로 이사를 하였습니다. 다섯 식구가 좁고 낡은 집에서 살다가 드디어 좋은 집으로 이사를 해서 우리는 좋았지만, 부모님은 새 아파트를 장만하시느라 은행에서 많은 빚을 져서 매일 걱정하십니다. 그런데 새로 이사한 아파트 바로 앞에 장애인 특수학교가 설립된다고 합니다. 동네 어른들은 날마다 모여서 특수학교 설립을 취소해 달라고 한 달 넘게 시위를 하십니다. 우리 부모님도 어렵게 마련한 새 아파트의 집값이 계속 떨어진다고 걱정하시면서 매일 시위에 참여하십니다. 우리 동네에는 특수학교가 없어서 장애인 학생들은 차로 두 시간 거리에 있는 학교에 다니느라 많은 불편을 겪고 있습니다. 장애인 학생들을 생각하면 특수학교가 설립되는 것이 좋은 일 같지만, 집값이 떨어진다는 부모님들 걱정도 중요한 문제인 것 같습니다.

아이들은 글을 읽고 처음에는 해결방안을 찾는 데 집중했다. 어떻게 하면 특수학교도 설립하고, 집값도 떨어지지 않게 할 것인가를 고민하였다. 특수학교를 도심에서 떨어진 산속에 지으면 된다고 대안을 제시했다. 스쿨버스를 운행하는 또 다른 해결책을 내놓지만, 장애인

들인데 산속까지 다니는 것이 불편하지 않을까 하는 걱정도 생겼다. 한 가지 문제가 해결되면 또 다른 고민거리가 생겨났다. 고민에 고민이 계속 깊어지다가, 아이들이 서로 질문했다.

> **아이1:** 왜 특수학교가 생기면 집값이 떨어져?
>
> **아이2:** 장애인에 대한 뭔가 그 인식이 안 좋아서 그러는 것 아닐까?
>
> **아이3:** 맞아. 그런 것 같아. 왠지 장애인이 우리 동네에 많이 돌아다니면 좀….
>
> **아이4:** 그렇구나, 그래서 집값이 떨어지는구나.

우리 반 아이들도 형편이 넉넉하지 않았기 때문에 활동지 이야기는 바로 자신의 이야기였다. 아이들 표정은 점점 심각해졌고 말수는 적어졌다. 한 아이가 조심스럽게 말문을 연다.

> **철정:** 내 생각에는 그냥 우리가 이해해야 될 것 같아.
>
> **철영:** 어쩔 수 없는 것 같아. 여기 보면 특수학교를 차로 두 시간 걸려서 다닌다고 나와 있어. 이건 좀 힘들지 않을까?
>
> **철원:** 그러니까… 장애인이 되고 싶어서 된 것도 아닌데 이렇게 학교를 짓지 못하게 시위하는 것은 좀 아닌 것 같아.
>
> **철원:** 나도 그렇게 생각해. 집값이 조금 떨어지더라도 어쩔 수 없어. 이해해야 할 것 같아.

바로 옆에서 듣고 있던 나는 눈물이 핑 돌았다. 아이들에게 눈물을 보이지 않으려고 서둘러 자리를 옮겼다. 지금도 아이들 목소리가 생생하다.

> **나:** 같이 이야기 나눠 봅시다. 특수학교 설립 때문에 갈등이 생겼네요.

> **철성:** 나는 특수학교를 다른 곳에 지어야 한다고 생각해. 집값이 떨어진다고 걱정하는 주민들의 재산권도 중요하지 않을까?

> **철영:** 나는 철성이와 생각이 조금 달라. 주민들의 재산권도 중요하지만, 장애인들도 평등하게 교육받을 권리가 있으니까 특수학교는 계획대로 지어야 한다고 생각해.

> **철민:** 나는 철성이 의견에 동의해. 특수학교를 주택가와 멀리 떨어진 다른 장소에 지을 수 있을 텐데 굳이 주민들이 반대하는 아파트 단지 가까이에 짓는 것은 타당하지 않은 것 같아.

> **철정:** 나는 생각이 조금 달라. 특수학교를 어디에다 지을 것인지는 교육청 같은 데서 여러 가지 조건을 고려해서 결정했다고 생각해. 일반 학교는 아파트 단지 옆에 지어도 되는데, 특수학교는 안 된다는 것은 그 자체로 불평등 아닐까?

나는 작은 쪽지 한 장을 건넸을 뿐인데, 아이들은 타자와 함께 살아가는 법을 스스로 배우고 있었다. 아이들의 끝나지 않는 이야기를 잠시 접고, 수업 마지막 부분에 특수학교 설립 공청회 영상을 보았다.

욕설과 고성이 오가면서 부모들이 무릎까지 꿇어야 했던 유명한 영상을 함께 보면서 아이들 눈동자는 촉촉하게 흔들렸고 아이들은 말문을 닫았다.

〈2018년 10월 17일 삼각초등학교 6학년 5반 사회 수업〉
주제: '학교, 나라, 세계에서 인권은 존중받고 있는가?' 중에서

민주주의 사회에서 어떻게 한 명의 시민으로 살아갈 것인지의 문제는 친구와 관계 맺는 일부터 시작하면 된다. 학교와 교실은 공동체다. 협력을 잘하는 사람, 대화를 잘하고, 필요하면 타협할 줄 아는 사람을 길러내야 한다. 협력이라는 것이 일 년에 한 번 체육대회 때 줄다리기를 하면서 길러지지는 않는다. 매일 수업 안에서 대화한다면 아이들은 '함께 살아가는 방법'을 장착하고 더불어 사는 삶을 기꺼이 향유할 것이다.

셋째는 '탁월성'이다. 나는 지금까지 탁월하다는 의미를 뛰어나다, 훌륭하다 정도로 이해해왔다. 동일한 기준으로 모든 아이가 '어려운 문제'를 척척 해결하는 수업을 탁월한 수업이라고 오해하기도 한다. 나도 알고 너도 아는 것을 목청 높여 반복하는, 그래서 듣는 능력을 퇴화시키는 그런 수업을 탁월한 수업이라고 하지는 않는다.

'최고가 아닌 최선을 다하는 사람', 이 얼마나 식상한 표현인가! 오죽하면 학급 반장이나 전교 임원 선거 유세문에 단골로 등장하는 멘

트일까? 최선을 다했는데 시험에 떨어졌다면 괜찮은가? 어디까지 도
달해야 최선을 다한 것인가? 성공과 실패의 기준은 무엇인가?

여기서 치명적인 허점은 기준이 동일하다는 것이다. 커트라인이라
는 기준이 모두에게 똑같이 적용된다. '최고가 아닌 최선을 다하는 사
람' 이 말은 탁월함의 기준에서 보면 모순이 있다. 최선을 다했으면 최
고가 되어 있어야 한다. 누구에게나 같은 기준이 적용되기에 최선을
다했지만, 최고가 될 수 없었다. '너는 최선을 다했지만, 기준을 통과하
지 못해서 불합격했고, 그래서 너는 최고는 아니야. 하지만 낙담하지는
마. 최고가 되는 것보다는 최선을 다하는 것이 더욱 의미 있어'라고 진
정성 없는 위로를 하고 있다. 궤변이다. '샤를르 드 푸코'의 시 〈나는 배
웠다〉에 나오는 "다른 사람의 최대치에 나를 비교하기보다 나 자신의
최대치에 나를 비교해야 함을 배웠다"라는 구절이 탁월성이 아닐까?

모두에게 일률적으로 같은 기준이 적용되고, 수준별로 체에 걸러
서 분반했을 때는 그 자체로 패배감을 안고 시작한다. 아이들이 관계
속에서 배우고, 각자 자신이 서 있는 자리에서 조금씩 나아지는 경험
이 중요하다. 탁월성이 아이들로 하여금 더 깊이, 더 자발적으로 배우
게 한다.

공공성과 민주주의, 탁월성은 같은 의미의 다른 이름이다. 한 시간
수업은 이 세 가지 덕목을 담아서 아이들에게 정성스럽게 대접하는

일상의 소박한 한 끼 밥상이다. 정갈하고 영양가 높은 밥상이다. 내 수업 안에 이 세 가지 철학을 어떻게 녹여낼까 성찰하다 보니, 어느새 아이들이 깊이 배우고 있었고, 아이들의 배움 장면이 부메랑이 되어 나를 키웠다. 우리는 인생의 무수한 선택 앞에서 결정을 내려야 한다. 그러기 위해 지금 교실에서 아이들이 두려움 없이 '배움의 바다'에 풍덩 빠질 수 있어야 한다. 친구를 믿고, 자신을 믿고.

질 높은 평등, 말도 안 돼!

'배움'은 평등과 질을 보장해야 한다. '배움의 평등'은 기회의 평등도 아니고, 결과의 평등도 아니며 다름 아닌 '다양성 존중'이다. 다양성을 존중하는 배움은 어떻게 실현되는가? 개개인 맞춤형 배움 프로세스로 가능하다. 지식을 가르치는 획일적, 효율적 시스템에 개개인을 맞추는 것이 아니라, 역으로 시스템을 개개인에 맞추는 것이다. 그리고 그 시스템이 잘 굴러가고 있는지 전문가의 눈으로 끊임없이 성찰해야 한다. 한 명 한 명이 자기 속도에 맞춰서 배우는 방법은 대화와 탐구를 기반으로 하는 협력적인 배움, 소집단 모둠활동에서 가능하다.

가르침을 중심에 놓고 행해지는 '획일적 효율주의'는 교실에서 얼마나 많은 은밀한 독재를 허용하는가? '획일과 효율'의 횡포로부터 교실을 지켜야 한다. 개인의 다양성을 최우선으로 고려해야 하는 시대, 바야흐로 '개개인성의 시대'에 배움의 평등은 반드시 실현되어야 한다.

"학생: 선생님, 다 했는데요."

"교사: 응, 다른 친구들 아직 덜했으니까 조금 기다려 줄래?"

학습 능력이 좋아서 일찍 끝낸 아이는 지루하게 기다린다. 교실에는 침묵과 따분함이 흐른다. 다인수 학급에서 어쩔 수 없는 일이고, 중간 수준 아이에게 학습 난이도와 속도를 맞출 수밖에 없다고 한다. 그것이 '획일과 효율'의 표본이다.

왜 활동을 혼자서 하도록 했을까? 잘하는 아이는 혼자서 뚝딱 마무리할 수 있지만, 뒤처지는 아이는 어디서부터 어떻게 시작해야 할지 막막하다. 교사는 적당한 시점에 활동을 끊고 활동을 잘 마친 아이를 사전에 관찰했다가 발표시킨다. 정답임을 확인하고, 아낌없이 칭찬해 준다. 아이의 발언에서 부족한 부분이 있으면 교사의 친절한 보충 설명이 덧붙여지고, 다음 활동으로 넘어간다. 완벽하게 해결한 아이는 깔끔하게 마무리한 자기 활동지를 과목별로 정리하고 평가에 대비하는 치밀함까지 보인다.

절반 정도 해결한 아이들은 어떨까? 질문하여 나머지 절반의 의문점을 알게 되면 좋으련만, 질문은 거의 나오지 않는다. 대부분 교실에서 질문은 공부를 잘하는 아이들이 잘 알고 있는 내용을 완벽하게 알기 위해서 선생님과 교감하는 지식의 향연이다. 중간에 끼어들어서 '왜 저렇게 되는지 모르겠어요.'라고 질문하기는 어렵다. 경험상으로 여기저기서 그것도 모르냐는 질책성 한숨과 야유가 나올 것이 뻔하기 때문이다. 선생님의 친절한 개념 정리는 그냥 거기에 있을 뿐, 문제를 해결하는 데 가져다 사용할 수 없다. 개념과 적용 사이에서 또 한 번 괴리감이 남는다.

수업은 마무리되지만 뒤처지는 아이는 어디에서도 도움을 받지 못한다. 또 하나의 활동을 미완의 과제로 남기고 패배감만 추가한다. 활동지를 구깃구깃 접어서 책상 속에 아무렇게나 처박아 두는 것으로 대상 없는 화풀이를 한다. 쉬는 시간, 같은 처지의 친구와 놀면서 서로를 위로한다. 누구도 부인할 수 없는 일반적인 우리 교실 모습이다. 나 역시 그랬다.

나: 모둠에서 같이 이야기 나누면서 해 보세요.

아이1: 이거 어떻게 해?

아이2: 왜 그렇게 생각했어?

아이3: 다시 설명해 줘 봐. 쉽게 설명해 줘 봐.

아이4: 네가 어려워하는 부분이 어디지? 그 부분을 다시 말해 봐.

나: (반 전체에게) 같이 이야기 나눠 볼까요? 아직 덜 한 모둠? 어느 부분이 어려웠어요? 거기서부터 공유해 봅시다.

모둠1: 저희는 여기가 어려웠어요. 이 부분을 이해 못해서 여기서부터 막혔어요.

개개인성의 시대, '배움의 평등'은 어떻게 보장되는가? 모른다는 사실이 존중되고 있는가? 한 명의 아이도 소외되지 않고 모두 참여하고 있는가? 획일적이며 효율적인 하나의 시스템이 아니라, 아이들이 자기 속도에 맞게 자기가 좋아하는 방법으로 배우고 있는가? 현재의 배움에 지난 배움을 연결 지으며 자기 배움의 거미줄을 촘촘히 엮고 있는가?

다 좋은데 이런 이상적인 교실은 현실 속에 존재하지 않는다고? 결코, 그렇지 않다. 이 철학에 매료되어 일상 수업 안에서 실천하는 연구회의 많은 선생님이 있다. 그분들의 수업 영상에서 아이들이 배우는 모습을 있는 그대로 묘사한 것뿐이다. 사실 그대로의 모습이다.

'배움의 질'은 어떻게 높아지는가? 질 높은 배움은 탐구를 통해서 실현된다. 이해 중심의 '기초 과제'에서 탐구 중심의 '점프 과제'로 도약해야 진정한 배움에 닿는다. 기본 개념의 이해도 어려워하는데 어떻게 점프 과제로 탐구를 할 수 있느냐고? 점프 과제를 해결하면서 다시 기본과 만난다. 기본 개념이 부족하더라도 점프할 수 있다. 저학력을 극복하는 방법으로 '점프의 배움'은 강력한 방법이다. 단 탐구 과정에서 질문을 품은 협력이 전제된다면. 탐구는 어렵다. 어려우니까 협력해야 한다. 탐구와 협력은 질 높은 배움으로 가는 동전의 양면이다.

우리 반은 모둠 책상을 하고 있지만, 대화는 없다. 친구들은 각자 해결한다. 이번에도 나는 어려울 것 같다. 물어보고 싶지만, 방해하면 안 된다. '이거 어떻게 해? 좀 가르쳐 주라' 하고 묻고 싶다. 그런데 교실은 조용하다. 또 한 시간 수업을 망친다.

다행히 잘 해결한 것 같다. 모둠 친구들 생각이 궁금하지만 아무도 서로 묻지 않는다. 옆 친구 활동지를 슬쩍 봤는데 나와 결과가 다르다. 갑자기 자신이 없어진다. 어떻게 그렇게 나왔는지 물어볼까? 묻는 것이 어려운 일은 아닌데 잘 안 된다. 틀린 것 같은데 어떡하지….

학원에서는 선행학습으로 쉽게 해결했는데, 학교에서는 자신이 없다. 내가 우리 반에서 공부를 제일 잘하는데 내 체면에 친구들에게 물어볼 수도 없다. 답답하다. 내가 해결하지 못했으니 친구들도 못 풀었겠지. 쉬워 보이는데 어렵다. 모르겠다.

협력이 없다면 한 명 한 명의 배움을 보장할 수 없다. 협력적 배움은 '대화적 커뮤니케이션'이다. 누구랑 대화할 것인가? 대상(text)과 대화하고, 친구와 대화하고, 자기 자신과의 대화가 바로 협력이다. 대상이 없는 대화는 수다에 불과하다. 텍스트에 근거하지 않으면 자기가 아는 것을 나열하는 수다쟁이가 되고, 어느새 이야기는 주제에서 멀어진다. 대상과의 대화가 바로 '활동'이며, 그 대상을 사이에 놓고 친구와의 대화가 '협동'이고, 결국에는 자기 자신으로 돌아와서 하는 성찰과 반성(reflection)이 '표현'이다.

아이가 자기 혼자서는 닿을 수 없는 높은 곳에 있는 과자 상자를 어떻게 꺼낼까? 브루너(Bruner)가 언급한 '발돋움과 점프'의 원리이다. '발돋움'은 높은 곳에 있는 물건을 잡기 위해서 발끝으로 서는 것이다. '점프'는 위로 뛰어오르는 것이다. 모둠에서 대화라는 활동을 통해 아이들은 끊임없이 발돋움과 점프를 한다. 이를 위해서는 해결해야 할 과제가 자기 손끝보다 조금 더 높은 곳에 있어야 한다. 그 간극을 메워주는 것이 협력이다.

4학년 국어 〈일에 대한 의견〉 단원의 성취기준은 '읽기-글을 읽고 사실과 의견을 구별한다', '쓰기-관심 있는 주제에 대해 자신의 의견이 드러나게 글을 쓴다' 이다. 학생들은 그림과 글을 읽고 사실과 의견을 단순히, 부지런히, 반복해서 구별한다. 그리고 경험에 대해서 사실과 의견이 드러나게 글을 쓴다. 교과 역량인 '비판적으로 생각하는 역량'은 '왜'라는 질문으로부터 시작된다. 하지만 교과서는 '왜 사실과 의견을 구별해야 할까?'에 대한 의문을 제기하지 않는다. 단원을 과감하게 리모델링하였다.

초등학생들의 학업 성취도 연구 결과

초등학생들의 학업 성취도와 관련한 중요한 연구 결과가 있습니다. 공부 시간과 학업 성취도의 관계를 알아보기 위해, 방과 후 학생들의 공부 시간을 조사하였습니다. 방과 후 공부 시간이 5시간 이상인 학생들은 평균 90점 이상을 받았고, 4시간인 학생들은 그보다 조금 낮은 평균 80점이었습니다. 1시간 미만인 학생들은 60점 이하를 받았습니다.

여기서 알 수 있듯이 초등학생들의 학업 성취도를 높이려면 학교 수업이 끝나고 방과 후에 5시간 이상은 공부를 하는 것이 좋다고 생각합니다.

이를 위해서는 첫째, 학교 방과 후 프로그램을 교과 공부와 관련된 수업으로 바꾸고, 방과 후 수업을 전체 학생들이 의무적으로 2~3개씩 수강해야 한다고 생각합니다.

둘째, 초등학생들의 교과 선행학습을 도와줄 학원이 주변에 많아야 된다고 생각합니다. 학교에서 배울 내용을 미리 학원에서 배운다면 학교 공부를 더욱 쉽게 할 수 있습니다. 학생들이 학교가 끝나고 학원에서 밤늦은 시간까지 열심히 공부하는 환경이 필요하다고 생각합니다.

글을 읽고 모둠 대화를 하였다. 아이들은 학원을 많이 다닐수록 학업 성취도가 좋다고 하는 이 근본 없는 텍스트에 강한 불만을 보였다. 이야기가 진행되면서 급기야 글의 내용을 신뢰하지 않기 시작했다. 아이들은 이 글이 진짜 사실인지, 근거도 정확히 따져 보아야 한다면서 흥분했다. 아이들의 탐구는 나의 기대를 뛰어넘어서 '사실의 적절성 판단'까지 건드리고 있었다. 그 순간에 점프 과제를 주었다.

'Q. 왜 사실과 의견을 구별해야 할까요?'

〈2020년 6월 4일 일곡초등학교 4학년 3반 국어 수업〉
주제: '왜 사실과 의견을 구별해야 할까요?' 중에서

친구가 전학 간 날

오늘은 나의 가장 친한 친구인 영재가 전학을 가는 날이다. 영재는 유치원 때부터 4학년 때까지 5년 동안 같은 반 친구이다. 영재와 나는 집도 같은 아파트여서 학교가 끝나고 놀이터에서 자주 만나서 놀면서 친해졌다. 영재 부모님이 서울로 직장을 옮기셔서 영재네 집은 서울로 이사를 갔다. 영재는 서울에 있는 초등학교로 전학을 갔다. 친구들과 선생님께 작별 인사를 하고 오늘 떠났다. 영재네 이삿짐을 실은 트럭이 오늘 떠났다. 이삿짐 트럭이 떠나고 나는 영재 집에 가보았다. 영재 집은 짐이 없는 빈집이 되었다.

나: '친구가 전학 간 날'을 읽었어요. 자신의 느낌을 모둠 친구들과 이야기 나눠볼까요?

아이1: 뭔가 허전하지 않냐? 친한 친구가 전학 갔는데, 글이 뭔가 허전해.

아이2: 나도 그래. 슬픈데 슬프지가 않아. 글이 딱딱한 것 같기도 하고 좀 이상해.

아이3: 글을 좀 잘 못 쓰는 학생이 쓴 것 같아. 아닌가? 잘 썼으니까 선생님이 활동지로 주셨을 텐데…. 선생님, 이 글 누가 쓴 글이에요?

아이4: 아무리 선생님이 준 글이라도 다 잘 쓴 글은 아니지 않을까?

아이1: 왜 안 슬픈지는 모르겠는데, 이 글이 하나도 안 슬퍼. 내 친구 ○○가 전학 갔을 때 생각하면 나는 지금도 슬픈데.

아이4: 이 글은 뭔가가 빠져 있어. 뭐가 빠졌지?

아이2: 아, 왜 안 슬픈지 알았어. 글에서 슬프다는 말이 없어. 자, 봐 봐. 슬픔, 슬퍼서, 슬프다 이런 비슷한 말이 하나도 없어.

아이3: 맞네, 잘 쓴 글이 아니네. 사실만 쓰고 감정이 없어. '슬프다'는 감정이잖아.

아이4: 아, 지금 우리가 배우고 있는 것이 '사실과 의견'이잖아. 이 글은 네 말대로 사실만 있어. 의견이 없어. 여기 책 봐 봐. 의견이 생각이나 느낌이라고 했잖아.

아이2: 그럼 여기서는 의견이 감정이네.

아이1: 아, 맞네. 그러네. 이거 사실에 의견 쓰는 거네. 선생님, 여기 밑에다 생각이나 느낌, 의견 쓰라는 거죠?

〈2020년 6월 5일 일곡초등학교 4학년 3반 국어 수업〉
주제: '어떻게 하면 경험한 일을 잘 쓸 수 있을까요?' 중에서

아직도 협력을 떠올리면 공부 잘하는 아이가 공부를 못하는 아이를 도와주는 시혜적 차원이고, 도움을 받는 아이는 의존적으로 되거나 자존감에 상처를 받는다고 오해하기도 한다. 물론 잘하는 친구가 못하는 친구를 도와준다. 하지만 자세히 들여다보면 대화에는 어려움을 겪는 아이의 질문이 있다.

"이거 어떻게 해? 이것 좀 가르쳐 주라." "다시 쉽게 설명해 줘." 이 질문은 도와주는 아이의 질 높은 배움도 보장한다. 교사가 도울 일은 간단하다. 수업에서 질문은 고마운 일이고, 공부를 잘하는 아이와 못하는 아이가 모두 존중받아야 하며, 우열과 우월이 아닌 단지 다를 뿐이라는 사실을 알려주면 된다. 이해가 안 되는 어려운 부분을 질문이라는 고마운 대화로 채우는 과정이 배움이다. 도움을 주고받으면서 잘하는 아이는 깊이 탐구하게 되고, 못하는 아이는 배움의 희열을 맛본다. 이 단순한 진리를 아이들은 교사들보다 훨씬 빨리 터득한다. 협력은 배움의 강력한 도구이다. 협력은 나와 생각이 다른 타자와 대화를 통해서 다름을 인정하고, 탐구를 공유하는 고품격 민주주의를 체험하는 탁월한 삶의 방식이다.

저거 못쓰겠네

2016년 가을, 내가 근무하는 학교에서 수업 나눔을 기획했다. 수업자 선생님이 멀리서 오시기에 인근 학교에 모두 공문을 보내서 홍보했다. 강당에 수업 영상 대형 스크린을 설치하고, 흰색 광목천을 책상에 감싸서 테이블을 만들고, 작은 화병에 국화꽃도 한 송이씩 꽂았다. 나무 쟁반에 유기농 과일과 떡으로 정성스럽게 간식을 준비했다. 선생님들께 드릴 수업안을 출력하고 꽃무늬 테이프를 둘러 선물처럼 준비했다. 처음 기획하는 대규모 수업 나눔 행사였기에 온 정성을 다했다.

이웃 학교에서 열리는 수업 나눔 행사에 백 명 넘게 선생님들이 오셨다. 수업자 선생님도 멀리 경남에서 태풍을 뚫고 오셨다. 수업자와 수업을 간단히 소개하고 바로 영상을 틀었다. 나는 혹시 늦게 도착하시는 선생님들이 계실까 봐 강당 뒷문에 대기했다. 그런데 수업 영상이 시작되고 얼마 지나지 않아서 선생님 서너 분이 가방을 들고 강당 뒷문으로 나가셨다.

"**교사1:** 저 수업 못쓰겠네."

"**교사2:** 그러게, 저게 뭔 수업이야."

"**교사3:** 괜히 헛걸음했네."

나는 내 귀를 의심했다. 이제 겨우 수업 영상이 5분밖에 안 지났는데, 쓰겠는지 못쓰겠는지 어떻게 알 수 있지? 영상이 끝나고 선생님들은 소그룹 모둠으로 수업에서 배운 점을 나누었다. 수업자 선생님과 진행자인 나는 어떤 이야기가 오가는지, 질문은 무엇인지 모둠 이야기를 듣고 다녔다. 그런데 선생님들은 관찰한 내용에서 배운 점을 찾는 것이 아니라, 자신의 기존 프레임에 이 수업을 꿰어 맞추고 있었다. 수업은 이래야 한다는 강한 신념이 이 수업의 진솔한 가치에 다가가지 못하게 막고 있는 것 같아 안타까웠다. 철옹성 같은 장벽은 예상보다 높았다. 같은 수업인데 이렇게 다르게 볼 수 있구나. 나는 이 수업을 처음 볼 때 책에서 읽은 글귀들이 튀어나오는 경험을 했다.

'아이들이 서로를 신뢰하면서 안심하고 물어보는구나.'

'아이들이 모르는 친구를 비난하지 않아. 어떻게든 쉬운 말로 표현하려고 애쓰고 있어.'

'아이들이 텍스트를 통해 자기 삶을 이야기하고 있어'.

'어떻게 저렇게 잘 듣지? 그리고 정말 모르는 것, 궁금한 것을 질문하고 있구나.'

'아이가 질문하면 선생님은 질문을 바꾸어서 다시 한번 생각하게 하시는구나.'

'화려한 자료 하나 없는데 아이들이 한 시간 내내 텍스트에 이토록 집중하는구나.'

'아이들이 자기 생각을 말할 때 의견이 다른 친구에게 정중하구나.'

'선생님이 아이들을 대하는 태도가 부드럽다.'

'아, 이것이 탐구구나.'

'아, 영화 '죽은 시인의 사회'에서 본 듯한 장면들이다.'

나를 뒤흔든 첫 수업, 사천 서포초 김형원 선생님의 6학년 역사 수업이었다. 5분 만에 나가신 선생님들이 처음에는 야속했지만, 인정하기로 했다. 어차피 나와 생각이 다른 타자와 같이 살아가는 방법을 배우는 것이 우리 앞에 놓인 과제니까.

6학년 역사 수업, 배움 주제는 '일제강점기 백성들의 삶과 노력'이다. 마지막 점프 과제는 '지금이 일제강점기라면, 나는 어떤 선택을 할 것인가?'이다. 애국계몽운동이나 항일무장투쟁 또는 다른 선택을 두고 그 시대를 사는 자신의 선택을 모둠 친구들과 이야기 나누고, 전체 공유를 하였다.

> **나:** 같이 이야기해 볼까요?
>
> **철윤:** 어차피 일본 놈 한 명은 죽이고 가야 하니까 나는 항일 의병에 참가하겠어.
>
> **나:** (아차 싶어서 놀랐지만 태연하게) 철윤이에게 혹시 해 주고 싶은 말 있어요?
>
> **철영:** 나도 같이 가자. 같이 거사를 진행하자.
>
> **철원:** 나는 의열단에 들어가서 일본 천황을 테러할 거야.

철민: 나는 죽는 것은 싫으니까, 임시정부에 들어가서 안전하게 독립운동할 거야.

철효: 어차피 한 방이야. 어차피 죽을 거니까 나는 한인애국단에 들어갈 거야. 거기서 윤봉길, 이봉창 의사를 만나고 일본 천황을 암살하는 거사를 처음부터 다시 계획할 거야.

우리 민족의 비참한 생활에 극도로 몰입해서 아이들 발언 수위가 점점 높아졌다. 수업 영상에 아이들의 입에서 '테러', '죽인다' 등의 말이 나오는데 교사가 제지하지 않은 것에 상당히 불편해하는 선생님들이 계셨다. 수업은 예상하지 못한 방향으로 흘러갔다. 올바른 역사의식을 갖는 것과 세계 시민으로서 이웃 나라 일본에 대한 평형수를 어떻게 맞출 것인가에 대해 새로운 과제가 생겼다.

다음 시간 주제는 '일본군 위안부 문제'였다. 점프 과제는 'Q. 일본군 위안부 문제를 해결하기 위해서 우리가 할 수 있는 일은?'이다.

철영: 선생님, 궁금한 것이 있는데요, 현재 일본 학생들은 일본군 위안부 문제를 어떻게 생각하고 있어요? 자기 조상들이 잘못한 것을 제대로 알고 있나요?

철오: 일본 사람들은 일본이 과거에 우리 조상들에게 한 많은 잘못을 제대로 알고 있나요?

아이들은 내가 생각지도 못한 질문을 쏟아냈다. 점프 과제를 잠깐 멈추고, 이 문제에 대해서 아이들이 스스로 조사하기로 했다. 조사 결과 일본 내 역사 왜곡의 심각성을 알게 되었다. 반면 정확한 역사적 사실을 알고 과거 일본의 잘못을 반성하고 사죄해야 한다는 일본 내 목소리가 많다는 것도 알았다. 수업은 내가 생각하지 못한 골짜기까지 굽이굽이 흐르면서 아이들 눈빛은 반짝였다.

> **철경:** 우리가 지난 시간에 '일본 놈을 죽여야 한다.'는 그런 말은 좀 심한 것 같아. 지금은 일제 강점기도 아니고 그런 표현을 쓰는 것은 좀 아닌 것 같아.

> **철인:** 지금 일본 사람들이 들으면 기분 나쁠 수도 있는 표현 같아.

> **철람:** '테러'라는 표현을 쓴 것도 바른 표현은 아닌 것 같아. 테러는 범죄 단체에서 하는 것이니까, 의열단이나 한인애국단 같은 독립운동단체에 쓰면 안 될 것 같아.

> **철주:** 그럼 뭐라고 해야 해? 선생님 뭐라고 해야 해요?

> **나:** 너희들이 다시 조사해보고 알려줄래?

아이들은 다음 날 '의거'라는 단어를 적확하게 사용하였다.

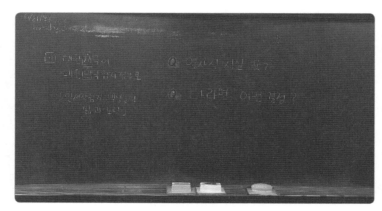

〈2018년 6월 21일, 삼각초등학교 6학년 5반 역사 수업〉
주제: '일제강점기 백성들의 삶과 노력' 중에서

몇 달 후 10월, 인권 문제를 다룬 사회 수업에서 '제주 예멘 난민 문제에 대한 나의 입장'을 공부했다.

나: 같이 공유해 볼까요? 제주 예멘 난민 문제를 어떻게 해결하면 좋을까요?

철영: 난민 중에 반은 받고, 반은 받지 말자고 했어요.

철인: 야, 그럼 남은 사람들은 어떻게 해? 그냥 돌려보내? 그럼, 그거 추천 기준이 뭐야?

나: 철영이 의견에 대해서 어떻게 생각해요? 철연이 모둠과 연결되는데.

철연: 난민으로 있는 기간을 늘려서 시험을 봐요.

철지: (필기) 시험을 봐?

철윤: 그 시험 말고, 제주도 사람들은 난민들이 폭력이나 나쁜 일을 할까 봐서 걱정하는 거니까, 1년 또는 3년 동안 난민들 행동을 시험 봐. 성실하게 살면 난민 신청을 받아 줘.

철영: 1년 동안 살다가 받아 줬는데 나쁜 짓 하면 어떡해?

철은: 아, 그동안 나쁜 짓 안 하다가….

철윤: 그러면 감방 가야지. 우리나라 국민이 되었으니까 감방 가야지. (모두 웃음)

나: 난민 심사의 규정을 좀 엄격하게 가자?

철연: 네! 그래서 제주도민이 걱정하지 않도록.

나: 잠깐만 미안해 철인아. 철은아, 어떤 이야기가 나왔어요?

철은: 난민들을 아무 섬에나 보내서 난민 마을을 만드는 거예요.

철윤: 이유는? 섬을 만드는 이유는?

철은: 그러니까 살긴 살아야 하는데….

나: 미안해 철효야. 철람이가 이야기해 줄래요?

철람: 난민 마을을 몇 군데 만들면 좋을 것 같다고 했어요.

철민: 저희는 러시아가 땅도 넓고 안전할 것 같아서, 러시아랑 잘 타협해서 난민들을 러시아 안전한 땅으로 보내는 거예요.

철오: 그건 우리나라에서 다른 나라로 떠넘기는 것 같아서 좀….

철윤: 나 질문 있어. 만약에 러시아나 다른 나라에서 안 받아 주면 어떡하지?

철민: 그니까 협상을 잘 해야지.

철준: 나도 질문 있어. 러시아는 춥잖아, 난민들이 돈이 많은 것도 아니고 거기서 얼어 죽으면 어떡해?

철렬: 우리나라에서 지원을 해 줘야지.

철원: 섬 같은 데로 보내서 한 달에 한 번씩 우리나라 정부에서 쌀 같은 것을 보내 주면?

〈2018년 10월 17일, 삼각초등학교 6학년 5반 사회 수업〉
주제: '학교, 나라, 세계에서 인권은 존중받고 있는가?' 중에서

아이들은 서로 제시한 대안을 들으면서 생각이 많아 보였다. 난민을 받아들이자니 제주도 사람들의 두려움이 걱정되었고, 난민을 거부하자니 인권을 배우고 있는데 난민을 내치기가 힘든 것 같았다. 생각은 여기까지 이어졌고, 다음 시간에 다시 생각해 보기로 하고 마무리 아닌 마무리를 지었다. 수업 영상을 참관하신 선생님 한 분이 몹시 언짢아하셨다. 그분은 제주 예멘 난민 수용 문제를 강력하게 반대하는 입장이었다. 교사가 난민 문제를 수용하는 쪽으로 부추겼다고 질책하셨다. 나는 어느 쪽으로도 부추기지 않았으며, 다음 시간에 이어서 이야기하자고 했을 뿐이었다. 결론을 정해 놓고 결론에 맞추어서 할 수업은 아니었다고 여러 번 말씀드렸지만 내 수업 의도가 잘 전달되지

않았다.

다음 사회 시간에 제주 예멘 문제를 연결해서 시작하려는데, 철인이가 조심스럽게 말을 꺼냈다.

> **철인:** 애들아, 있잖아, 내가 생각을 좀 해 봤는데…, 우리 1학기 때 역사 시간에 항일무장투쟁, 애국계몽운동 그거 배웠잖아.
>
> **아이들:** 응.
>
> **철인:** 내가 생각해 보니까, 당시 김구 선생님이랑 안중근, 이봉창 이런 열사들도 다 일제를 피해서 중국까지 가서 독립운동 한 난민들이었던 것 같아.
>
> **아이들:** 아!
>
> **철인:** 제주 예멘 난민 받아들이냐, 안 받아들이냐 그 문제를 생각하는데 나는 만주에서 독립운동하던 우리나라 열사들이 생각났어.
>
> **아이들:** 아….
>
> **철효:** 예멘 난민하고 우리나라 독립열사들하고 비교하면 안 될 것 같은데. 우리 조상들은 나라를 위해서 다른 나라에 가서 독립운동 한 거니까 다르지.

철인이와 철효의 다른 견해는 결론을 내리지 못하고 꽤 오랫동안 이어졌다. 아이들이 깊이 생각하는 것이 보였다. 단계마다 관여하지 않고, 주도권을 아이들에게 주었다. 총명한 아이들은 '샬롯'이 되어서 거미줄을 촘촘히 엮어가고 있었다. 주제를 가로지르고, 교과를 넘나들고, 되돌아가서 연결하고 있었다. 현명한 아이들은 금세 자기 삶 속 살아 있는 생생한 경험과도 연결 지었다. 이것이 배움의 맥락 (context)이 아닐까?

'저 수업 못쓰겠네.' 수업 영상 5분도 채 보지 않고 나가신 선생님들께 우리 반 아이들의 대화를 들려드리고 싶지만, 방법이 없다.

그냥 좀 내버려 둬

'수업 연구 대회'라는 것이 있다. 많이 없어졌지만 지금도 수업을 대회로 여는 곳이 있을지도 모른다. 말 그대로 수업을 연구하는 대회다. 수업을 연구하는데 왜 대회를 할까? 모든 대회의 목적은 당연히 서열화다. 수업 연구 대회의 신성한 결과는 1등급, 2등급, 3등급으로 매겨진다. 수업이 백화점 냉장고 속 한우도 아니고 1등급 수업이라니. 아이들과 한 시간 한 시간 수업을 정중하게 음미하면서 배움의 끈을 놓지 않으면 1등급 수업이 될까? 그럴 수도 있지만, 아닐 수도 있다. 1등급 수업은 아이들이 잘 배우는 수업이 아니라 따로 있는지도 모른다. 혹시 1등급 수업을 위해서 매일의 일상 수업이 경시되지는 않을까 염려한다면 기우일까?

수업은 '상황과의 대화'이다. 수업에는 셀 수 없이 많은 상황이 기다리고 있다. 그 상황에서 아이들이 주고받는 대화가 수업을 이루는 구성요소이다. 첫 번째 활동만 하다가 수업이 끝날 수도 있다. 몰입해서 아이들이 깊게 배운다면 두 번째, 세 번째 활동은 과감히 다음 시간으로 넘겨야 한다. 지난 시간 내용을 잠깐 복습하려 했는데, 아이들이 제대로 모르고 있다면 오늘 수업 대부분을 지난 시간 복습으로 허용해도 되지 않을까?

수업은 살아 있는 아이들과 살아 있는 교사가 살아 있는 세상을 만나는 대화이다. 그러니 도축한 고깃덩어리에 찍는 등급 스탬프는 더 이상 없었으면. 수업은 어떤 목적을 위한 수단이 되어서는 안 된다. 수업이 '이기적 자존감'을 지켜 달라고 애원한다. '나 좀 그냥 내버려 두세요.'

흥미진진 어드벤처

수업 시간에 말을 가장 많이 하는 사람이 누구일까? 당연히 교사이다. 그렇다면 아이들은 선생님 말 듣기를 즐길까? 교사가 아이의 자리에 앉아서 자신의 말을 들을 수 있는 체험관이 있다면, 우리 수업은 곧바로 바뀔지도 모른다.

15년 전, 첫 해외여행으로 중국 패키지여행을 갔다. 1월 한파 속에서도 가족 모두 첫 해외 나들이여서 많이 설레었다. 일행을 놓치지 않으려고 어디서나 여행객들은 깃발에 자동 포커스를 맞추었고, 관광지나 명소는 흐릿한 배경이 되었다. 하루 일정을 마치고 기진맥진해서 숙소로 돌아오면 눈앞에 깃발이 아른거렸다. 오늘 간 곳이 어디인지도 기억하지 못한 채, 온종일 깃발을 착실하게 따라다닌 것이 뿌듯했다. 깃발의 주인은 여행 가이드다. 크로스백에 이동식 마이크를 넣고 하루 종일 안내했다. 버스에서는 다음 장소를 설명했고, 목적지에 도착하면 버스에서 한 설명을 다시 반복했다. 버스에 올라타서는 조금 전 방문지에 대한 설명을 다시 복습시켜 주었고, 다음에 하차할 쇼핑센터의 광고도 잊지 않았다. 나는 가이드에게 처음으로 간곡히 부탁했다. 정말 몸이 좋지 않아서 차에서 잠깐이라도 쉬고 싶다고. 소박한 바람은 예상대로 거절당했다. 머리가 깨질 듯이 아파서 남편에게 부탁했다.

> **나:** 여보, 저 가이드에게 조금만 조용히 해 달라고 부탁 좀 해 줘요. 너무 시끄러워 머리가 아프고 힘들어요. 잠시만 조용히 가고 싶어요.
>
> **남편:** 허허, 가이드에게 조용히 해달라고? 그건 어려운 부탁이지.

싫은 소리 못하는 착한 남편은 나의 이 무례한 부탁을 들어주지 않았고, 나는 끝까지 두통약을 먹으면서 여행을 버텨야 했다. '다시는 패키지 해외여행을 하지 않으리라!'

수업에서 언제 말이 많아지는지에 대해서 선생님들과 얘기 나누었다.

> "아이들을 믿지 못하고 내가 다 설명해야 한다고 생각할 때 말이 많아져요."
>
> "내가 관심 있는 이야기를 아이들에게 해 주고 싶을 때예요."
>
> "아이들이 수업에 흥미를 잃는 것이 보일 때, 아이들 관심을 끌고 싶어서 수업 내용과 상관없는 농담을 해요."
>
> "내가 정한 목표에 아이들이 도달하지 못했다고 판단될 때, 개념을 다시 설명해요."
>
> "활동을 자세히 설명해 줘야 잘 해결할 수 있을 것 같아서 말이 길어져요."
>
> "아이들이 친구 발표를 듣지 않을 때, 내가 다시 설명해야 한다는 생각에 말이 많아져요."
>
> "수업 내용과 상관없이 수업 태도 등과 관련된 잔소리가 길어질 때예요."
>
> 〈2021년 4월 5일, 문흥중앙초등학교 전문적학습공동체 수업 대화〉 중에서

수업 시간에 말이 많아지는 나 자신을 발견할 때, 문득 나의 첫 해외여행에서 만난 가이드가 생각난다. '아이들은 말 많은 내게 지금 어떤 부탁을 하고 싶을까?'

10여 년이 지나고 중국 여행의 다짐이 흐릿해질 즈음, 파리로 두 번

째 해외여행을 갔다. 여행 책자 몇 권을 주문하면서 이미 여행은 시작되었다. 가족들과 비행기 표와 숙소, 여정을 의논하면서 '자유여행의 자유'를 누리고 있었다. 모든 것이 낯설고 어려웠다. 공항에서 환승하고, 입국 절차를 밟는 것부터 쉽게 해결되는 것은 단 하나도 없었다. 호텔 체크인도 어렵고, 길을 잃는 것은 기본이고, 식당에서 인종차별로 쫓겨나기도 했고, 주문을 잘못해서 터무니없이 비싼 식사도 했다. 예약한 미술관에서 엉뚱한 줄에 서서 몇 시간을 소비한 적도 있었다. 한 블록도 안 되는 거리에 비싼 택시요금을 낸 적도 있고, 여행 책자만 믿고 어렵게 찾아간 곳이 폐쇄된 경우도 있었다. 우리 가족 첫 자유여행지인 파리 여행은 그야말로 실수투성이였다. 돌아오는 비행기에서 나는 다짐했다. '가능한 많은 나라를 여행하고, 가능한 오랫동안 머무르리라!' 파리 여행 이후, 나는 매년 긴 자유여행을 다녔다. 이제 여권과 전화기와 신용카드만 있으면 당장 어떤 나라로도 떠날 수 있다.

수업은 여행과 닮았다. 여행의 목적이 여정 자체이듯 수업의 목적도 매 순간 대화의 즐거움이다. 아이들의 여행이 모험과 배움으로 가득한 긴 여정이 되기를. 아이들과 내가 공유하는 것이 안전한 가이드북이 아닌 흥미진진한 모험의 여행기가 되기를. 마침내는 그 길과 하나가 되기를 바란다.

'어떤 길을 가든 그 길과 하나가 되라.' (『좋은지 나쁜지 누가 아는가』, 류시화)

2부

이 길이 맞나

사람은 태어날 때 배움을 가지고
세상에 온다.
배움은 삶의 다른 이름
삶은 사람의 다른 이름
사람은 사랑의 다른 이름
묻고, 귀 기울여 듣고, 사유하고
나를 말하는 사이에
배움은 봄 나뭇가지에 연두 잎처럼
돋아난다.

03
괜찮아,
한 걸음만 더

이미 옮겨 갔다

"나는 잘 모르겠어. 수업에 왕도는 없지!"

교내 수업 나눔 동아리 협의회에서 동료 교사가 한 말이다. 교사들 사이에서 진리처럼 받아들여지는 흔한 말이다. 틀린 말은 아니지만, 한편으로 아쉬움이 남는다. '시기별로 유행하는 수업 기법이 자주 등장하는데, 그때마다 그것들을 쫓아가야 하는가? 어차피 그것들은 곧 사그라들 것이고 이내 또 다른 것이 등장할 텐데.' '내가 하는 수업을 두고 이렇다 저렇다 평가하는 발언은 정중히 사양하겠다. 나는 내 나름대로 방식이 있다.'

객관주의를 가장한 자기합리화는 아닐까? 토드 로즈(Todd Rose)는 『평균의 종말』에서 "새로운 개념을 배울 때 가장 어려운 일은 새로운 개념을 받아들이는 것이 아니라 옛 개념에서 벗어나는 것"이라고 했다. 우리가 벗어나지 못하는 옛것은 무엇일까?

"합죽이가 됩시다. 합!"

"모두 눈 감고 손 머리에 올리세요."

합죽이의 뜻이 무엇일까? 아이들을 통제하는 이 명령어는 아이들을 인격체가 아닌 사물(事物)로 대한다. 아이들의 오감을 철저하게 막고 교사 혼자만 말하고, 듣고, 보고, 느끼려고 하는 것은 아닐까?

교실의 무게중심이 교사에게 있던 시절이 있다. 교실에서 주인공은 당연히 교사이고, 교사 주도하에 모든 활동이 일사불란하게 통제되었다. 칠판 아래 교단이라는 무대가 있었다. 상징적 '교단'이 아니라, 물리적 공간 '교단'이다. 초등학교 때 절대 권력의 단상, 교단에 올라가 본 적이 있다. 방과 후 선생님이 주신 문제집의 4지 선다형 문제를 칠판 가득 빽빽이 옮겨 적었다. 그날도 칠판 판서 임무를 완수하고, 아무도 없는 교단에서 아이들 책상을 바라보았다. 어린 마음에도 30cm가 되지 않는 높이는 천하를 얻은 것만큼 짜릿했다. 선생님이 되고 싶다는 생각을 처음 한 날이 그날이었을까?

100년 전에 존 듀이(John Dewey)는 교육의 중력이 움직인다고 선언했다. 무엇이 어디에서 어디로, 어떻게 옮겨 갔는지 알아보려는 최소한의 노력도 없이 여전히 근대 옷을 입은 채 '수업에 왕도는 없다'는 말을 유연함으로 포장해서 쉽게 말하면 안 될 것 같다. 오늘도 어디선가 합죽이들을 끊임없이 만들어 내면서.

"계획대로 안 되는 수업을 계획대로 하려다 보니 수업을 망친다." "수업은 살아 있는 교사와 살아 있는 아이들이 대화를 통해서 살아 있는 배움을 만들어 가는 과정이다." '배움의공동체' 대표 손우정 교수가 교사 연수에서 자주 하는 말이다. 제아무리 교육과정 재구성을 멋지게 한들 수업은 계획대로 되지 않는다. 계획이 치밀할수록 수업은 궤도를 벗어난다. 궤도는 누구의 트랙인가? 교사의 트랙이다. 아이들은 별 관심이 없다. 그저 벤치에 앉아서 등나무꽃 향기를 맡으며 도란도란 재미나게 이야기하고 싶어 한다.

왜 수업은 교사 계획대로 되지 않을까? 계획대로 되지 않은 수업에 아쉬워할 것이 아니라, 살아 있는 모든 것이 그러하듯, 수업 역시 계획대로 되지 않는다는 것을 받아들이고 유연하게 이유를 찾아야 한다.

그냥 따라오면 돼

첫째는 '목표-달성-평가'라는 목줄에 있다. 목줄은 아이들에게 채워져 있고 목줄의 주인은 교사다. 목줄에 매여 있는 한, 주인이 끌고 가는 곳으로 갈 수밖에 없다.

목표는 교사 자신만 가지고 있으면 된다. 아이들이 만나는 것은 매력적인 배움 주제면 충분하다. 주제를 만난 아이들이 즐겁게 배움의 장에 들어오면 된다. '아, 해 볼 만하겠다. 재미있겠다. 어렵지만 도전

해보고 싶다.' 그 장(場)에서 아이들은 의문을 갖고 협력하면서 탐구하면 된다. '목표-달성-평가'라는 목줄을 과감히 놓아 버리고, '주제-탐구-표현'의 숲을 통째 마련해 주자. 여러 갈래 길에서 시행착오를 겪으면서 마음껏 탐구할 수 있어야 한다. 탐구의 숲에서는 치밀한 사전계획은 불필요하다. 나침반과 지도면 충분하다.

10여 년 전에 찍은 수업 영상을 우연히 찾았다. 공공기관의 뜻을 알아보는 4학년 수업이었다. 다시 보니 내가 세운 수업 목표가 선명히 보였다.

> 나: 선생님이 숙제를 내 주었죠? '공공'이라는 말이 들어가는 낱말을 찾아왔나요? 누가 발표해 볼까요?
>
> 아이1: '공공장소'입니다.
>
> 아이2: '공공시설'입니다.
>
> 아이3: '공공병원'입니다.
>
> 아이4: '공공정책'입니다.
>
> 아이5: '공공기관'입니다.
>
> 나: 오, '공공기관'

나는 아이들이 찾아온 단어를 칠판에 적으면서, 오늘 주인공인 '공공기관'이 등장할 때까지 '또 다른 사람?'을 계속 주문한다. 드디어 주인공 '공공기관'은 색분필로 선택받았다. 교과서에는 공공기관의 뜻이 깔끔하게 정리되어 있다. "공공기관이란 개인의 이익이 아닌 주민 전체의 이익과 생활의 편의를 위해 국가가 세우거나 관리하는 기관입니다." 아이들이 찾아온 '공공'이 들어간 많은 낱말을 엮어서 친구들과 대화하면서 공공기관 뜻을 만들어 보게 했다면 어땠을까? 수업은 아이들 의식의 흐름과 상관없이 내가 세운 목표에 따라서 진행되었다. 갈림길에서 아이들 의사는 계속 배제되었다. 내가 달성해야 하는 목표는 교과서의 공공기관 개념을 아이들에게 주입하는 것이었다.

어떤 무늬의 수업이 만들어질까?

둘째는 수업 전에 세밀하게 결정된 계획(Plan)이 아니라, 수업 중에 구성되도록 허용하는 디자인(Design)은 어떨까? 수업은 '상황과의 대화'이다. 살아 움직이는 수업 상황이 어떻게 전개될지 아무도 예측할 수 없다. 애초에 세밀한 계획이 없으니, 계획에서 벗어나 수업이 망할 일도 없다.

6학년 사회시간, 학교생활에서 자신의 인권이 침해받은 사례를 살펴보고, 해결방안을 제안하는 수업이었다.

나: 같이 이야기해 볼까요? 철인이 하고 싶은 이야기 있어요?

철인: 저희가 잘못한 일을 수업 시간에 선생님이 전체 앞에서 혼내시는 경우가 있는데, 솔직히 이거 인권 침해받는 거여서 이럴 때는 쉬는 시간에 개인 면담을 하거나 아니면 하교 후에

남아서 대화했으면 좋겠습니다.

나: 철인이 의견 어떻게 생각해요?

아이들: 맞아요.

나: 철민아, 수업 시간에 전체 앞에서 혼이 난 경우 있었니?

철민: 네!

나: (웃으면서) 아, 좀 찔리는데…. 선생님도 앞으로는 조심할게요. 그럴 때 어떤 생각이 들었어요?

철민: 어, 따로 시간 있을 때 불러서 이렇게 하자 말하는 게 좋을 것 같아요.

나: (잠깐 생각한 후에) 그럼 철준아, 너랑 나랑 좀 전 쉬는 시간에 따로 이야기했지? 어땠어? 괜찮았어? 인권침해 받는 것 같았어? (아이들 웃음)

철준: (잠시 생각한 후에) 네!

나: '네'가 뭐야? 인권침해 받는 것 같았다고? 진짜? (아이들 웃음)

철준: (웃으면서) 네! 아, 그게 그러니까 선생님과 대화가 길어져서 다음 수업 시간까지 연결되었고, 모두 수업하고 있는데 교실에 들어가야 해서 아이들이 다 알게 되고, 그래서….

나: 아아…. 그렇구나. 따로 이야기를 나누었다 해도 다른 친구들이 알게 되면 그것도 인권침해가 되는구나. 미안해. 내가 생각이 짧았어. 그런데 굳이 변명을 좀 하자면, 그 '따로의 시

간을 내기가 참 어려운 것 같아.

철인: 중간놀이 시간에 불러요.

아이들: 나가서 축구하고, 들어왔잖아.

철윤: 선생님, 그런데요, 철준이랑 선생님이 따로 이야기 나누었다는 것을 이렇게 공개적으로 또 언급하시면 이것도 인권침해가 아닐까요? (아이들 웃음)

나: 그러네, 어렵네. 선생님이 세심하게 반성해야겠네. 미안해. 친구들이 다 알게 하면 그것도 인권침해 소지가 있구나.

〈2018년 10월 17일 삼각초등학교 6학년 5반 사회 수업〉
주제: '학교, 나라, 세계에서 인권은 존중받고 있는가?' 중에서

아이들과 나는 수업 한 가운데서 즉석으로 수업 디자인을 하고 있었다. 인권 침해 상황의 대화에는 어떤 이야기가 비집고 들어올지 아무도 몰랐다. 단지 배움의 '상황'을 정중하게 대하고 '대화'의 문을 열고 즐기면 되었다. 마침 수업은 나의 휴대전화로 녹화되고 있었고, 이후 교사 연수에서 이 부분을 활용했다. 한 선생님이 질문을 주셨다.

연수생 교사: 선생님, 좀 전에 본 그 수업 마무리는 어떻게 하셨나요?

나: 영상에서 보시는 것처럼 제가 아이들에게 사과하고 다음 이야기로 넘어갔는데요.

연수생 교사: 아이들이 본인의 잘못된 행동은 생각도 안 하

고, 교사가 다른 아이들이 알게 하는 방식으로 훈육하는 것을 학생 인권침해라고 하면서, 교사가 사과까지 하고 수업을 마무리하셨다는 건가요?

나: 네, 저는 그렇게 마무리했습니다.

살아 있는 수업은 '자연주의'이다. 수업이 가벼울 때 아이들은 맨발로 파릇파릇한 잔디밭에 성큼성큼 들어온다. '무엇을 느꼈니?' 묻지 않아도 아이들은 한 시간 수업의 느낌을 생생하게 표현한다. "간질간질해요." "촉촉해요." "푹신푹신해요."

이 숲에서 마음껏 놀아도 돼

셋째는 계단형 프로그램이 아니라 등산형 프로젝트는 어떨까? 그동안 수업 목표는 저 계단 끝까지 인내하며 오르는 것이었다. 계단을 오를 때는 한 계단을 오르고 다음 계단을 오르는 것 말고 다른 방법은 없다. 모두가 획일적으로 같은 길을, 같은 방법으로 간다. 힘에 부쳐서 못 오를 계단이라면 주저앉고 정상까지 갈 수 있는 다른 길은 보이지 않는다.

숲을 통째 주면서 숲에서 발견할 것을 주제로 주자. 등산 여정의 출발점과 도착점을 알려주고 과정에서는 다양한 루트를 허용한다. 어떤 길을 선택해서 어떤 방법으로 갈 것인지 친구들과 의논하면 된다. 주제를 해결하기 위해 다양한 탐색이 허용되고, 중간 지점에서 만났을 때 걸어온 길에서 본 것들을 서로 나누면서 도움을 주고받는다.

4학년 수학 삼각형 단원, 온라인 수업에서 아이들에게 'Q. 선분 5개를 그려서 삼각형 6개 만들기'를 주었다. 줌 소회의실에서 모둠 대화를 했다. 교사가 있어도, 없어도 아이들은 주제에 맞는 대화를 즐겁게 한다. 아이들이 녹화해서 보내준 영상을 보니 별 모양을 그려서 대화 중이었다.

철온: (자신이 만든 별 모양을 보면서) 어? 야, 잠깐만, 근데 삼각형이 여섯 개 들어가?

철서: 하나, 둘, 셋, 넷, 다섯, 여섯. 들어가.

철우: 한 개는 오각형 아니야?

철온: 그러니까….

철서: 별 아니야? 아, 오각형이네, 안 되네.

철우: 야, 근데 여기에 꽉 채워서 선분 다섯 개 그리는 거 아니야?

철경: 나는 이것을 접어서 하고 싶어.

철서: 어떻게 해야 할까?

철온: 뭘까? 과연….

철우: 근데 이렇게 하는 거 아니야? 선분은 다섯 개이고 삼각형은 여섯 개.

철서: (깜짝 놀라면서) 어, 진짜야!

철온: 야, 근데 가위로 자르라고 했잖아.

철경: 오리면 되지. 이 상태로 자르면 되지 않아?

철온: 그 상태로? 어떻게?

철우: 이렇게 자르고, 이렇게 자르고….

철온: 아! 나는 아닌 것 같은데….

철경: 왜?

철온: 무슨 모양 아닐까?

철온: 음, 일단 그렇게 해 보자. 뭐 맞을 수도 있으니까.

〈2020년 10월 7일 일곡초등학교 4학년 3반 수학 온라인 수업〉
주제: '삼각형 이름은 왜 삼각형일까?' 중에서

가다가 막히면 어느 길로 돌아갈 것인지 의논하면 된다. 정상에 올랐을 때 도중에 본 것들과 길을 잃고 겪은 어려움 그리고 문제를 해결했을 때의 짜릿함까지 나누고 싶은 이야기가 많다. 모둠 이야기 후에는 전체 친구들이 한자리에서 서로의 탐구 내용을 쏟아 낸다. 같은 목적지를 각기 다른 코스로 여행한 친구 여정을 듣는 것, 얼마나 신기하고 재미있을까?

교육의 중력은 이미 옮겨 갔다. 교사의 가르침에서 학생의 배움으로.

"학생이 배우는 것이 중요하다고 해서 교사가 가르칠 때보다 배워야 할 것을 못 배우고 기본 학력이 낮아진다면 차라리 옛날처럼 교사가 주입식으로 가르치는 것이 낫지 않나요?"

"꼭 배워야 할 중요한 기본 개념은 교사가 가르치고, 그 이후에 학생들이 활동하도록 하면 안 되나요?"

연수에서 선생님들이 자주 하시는 질문이다. 교사가 잘 가르치고 학생이 잘 배운다면 그 수업은 당연히 좋은 수업이다. 하지만 현실 수업에서 교사가 잘 가르친다고 학생이 잘 배울까? 학생들은 언제 잘 배울까? 교사가 일방적으로 가르치는 수업 방식으로 학생이 잘 배우지 못한다면, 학생들이 배우는 방법을 깊게 살펴봐야 한다. 꼭 배워야 하는 기본 지식, 교사가 목청 높여 가르치고 싶은 기본 개념을 교사 설명이 아닌 학생들이 협력해서 탐구할 수 있는 활동으로 만들면 된다. 학생들은 교사의 지식 전달이 아닌 스스로 탐구를 통해서 배운다. 탐구는 상당히 어렵다. 혼자 힘으로는 버겁고 친구와 협력해야 한다. '협력으로 탐구하는 것', 이것이 아이들이 배우는 방식이다.

'배운다는 것'이 '가르치는 것'보다 상위 개념이라는 말이 아니다. 시대의 변화에 따라서 수업 양식이 바뀌었다. '가르침'의 주체는 교사다. '배움'의 주체는 학생이다. 교사가 배울 수는 없다. 당연히 수업 방식도 협력으로 바뀌어야 한다. 구성주의와 4차산업혁명을 거론하지 않더라도 아이들이 이 시대를 살아가는 힘의 원천은 협력적 문제해결력이다. '학생 중심'이라는 말은 바로 '주제 중심'이다. 교사는 교육과정을 읽고 학생들이 몰입하여 탐구할 수 있는 매력적인 주제를 중심으로 단원을 구성한다. 교육과정이 끊임없이 교사들에게 말을 건다.

'교육과정, 이제 너희 교사들이 가져가. 가져가서 주제를 찾고 수업을 디자인해 봐. 막강한 권력을 줄게. 단 학생들이 배워야 할 것이 무엇인지 잘 읽어 줘.'

우리는 왜 평가를 해 왔을까? 단순암기식, 주입식 수업이 주류이던 교실에서 평가는 교사 가르침 중심수업의 효율성을 입증하는 도구였다. 학생이 얼마나 많이 암기하고 있는가? 교사가 가르치는 방법은 효율적이었나? 효율성이 떨어졌다면, 가르치는 방법을 수정해서 학생에게 많은 지식을 넣어 주어야 했다. 수업의 중력이 바뀌었으니, 평가의 축도 달라진다. 학생이 친구들과 협력하면서 탐구한 주제를 새로운 문제 상황에 적용할 수 있으며, 지식이 어떻게 작동되는지 알아 가는 과정을 평가한다. 즉, 자기 삶에 활용할 수 있는지를 평가하면 된다. 배움의 과정 하나하나가 평가와 긴밀하게 연결된다.

> 나: 얘들아, 선생님이 정말 궁금해서 물어보는 건데, 솔직히 대답해 줄 수 있지?
>
> 아이들: 네! 뭐든지 물어보세요.
>
> 나: 혹시 말이야, 수업 시간에 속도가 좀 느리거나, 선생님 설명이나 친구 말이 잘 이해가 안 되거나, 그러니까 공부가 어려울 때가 있잖아. 그럴 때 어떤 마음이 들어?
>
> 아이들: ….
>
> 나: 뭔가 미안한 마음? 한심한 마음? 잘못한 것 같은 마음? 아니면 당당한 마음? 뭐든지….
>
> 아이들: 당당하지는 않죠. 공부를 못하는 건데.
>
> 아이1: 미안한 마음이요.
>
> 나: 왜?
>
> 아이1: 내가 잘 못 따라가니까, 진도가 느려져서 시간이 오래

걸리니까 반 전체에게 미안해져요.

아이2: 저는 한심한 마음도 들어요. 남들 다 아는 것 같은데 나만 모르니까 내가 한심하죠.

나: 아! 그럼 잘못한 것 같다는 마음은 안 들어?

아이들: 에이, 선생님, 그건 좀 아니죠. 공부 못하는 것이 잘못한 일은 아니죠.

나: 그래? 그건 다행이네.

아이3: 저는 좀 뭔가… 솔직히 잘못한 것 같은 마음이 들기도 해요.

아이들: 진짜?

아이3: 그러니까 그게…, 얘들아, 좀 창피한 이야기 같기는 한데, 수업 시간에 나는 한 번도 선생님께 칭찬을 못 받는데, 뭔가 잘해서 칭찬받는 친구에게 선생님들은 이렇게 말씀하시잖아. '잘했어. 훌륭해.' 그럼 공부를 못하는 나는 잘못한 거고, 안 훌륭한 거잖아.

나: (맞다. 칭찬은 혼자 있을 때 온 마음을 다해서 해주는 것이다.)

아이4: 그런가? 아닌데…. (친구의 말을 듣고 아이들은 한동안 말이 없었다.)

나: 선생님도 어렸을 때 그런 마음이 들었어요. 공부를 잘해서

칭찬받는 것은 잘한 것이고, 공부를 못하는 것이 잘못된 것이라는 마음이 들었어요. 그건 타당한 생각일까요?

아이들: 아니오! 그건 아니죠.

나: 당연하죠. 수업 시간에 이해가 안 되면 어떻게 하면 되죠?

아이들: 질문하면 돼요.

나: 어떻게 질문하죠?

아이들: 왜? 어떻게 해? 다시 한번 설명해 줘. 모르겠어.

<2021년 7월 15일 문흥중앙초등학교 6학년 2반 수학 수업>
1학기 수업 마지막 날

평가의 패러다임이 달라져야 한다. 모두가 획일적으로 같은 기준을 통과시키고 그 결과로 서열화하는 것은 더 이상 안 된다. 아이들은 각자 배움의 속도와 양상이 다르다. 평가는 경쟁의 최종 결과가 아니라 배움에 이르는 과정을 지켜보는 것이고, 배움을 도와주는 도구이다. 삶에서 써먹을 수 있는 전이 가능한 탁월한 경험을 하도록 평가가 도와야 한다.

교육과정, 수업, 평가가 변화하고 있으니, 이제 교육의 중심에 있는 교사의 역할 변화는 필연적이다. 수업 전문가로서 우리가 쥐고 있는 키를 어느 방향으로 돌려야 할까?

눈빛이 흔들릴까?

"나는 수업 전에 PPT가 없으면 불안해요. 뭐 한 가지라도 다운로드해서 가지고 있어야 안심이 돼요."

"나보다 훨씬 뛰어난 사람들이 만들어서 공개해 준 자료니까, 내가 만든 자료보다 훨씬 효율적이지요."

인터넷 상의 초등교사 커뮤니티 A는 전국 초등교사들이 교과별, 학년별로 수업 자료를 공유하는 무궁무진한 자료 천국이다. PPT가 없으면 불안하다고 한 후배 교사도 A 커뮤니티 열혈 팬이다. 전국 초등학교 교사의 70% 정도가 즐겨 찾는다고 한다.

교육콘텐츠 B 회사는 누리집에서 전국 초등학급 90% 이상이 매일 수업 시간에 활용하는 방대한 교육콘텐츠를 보유하고 있다고 소개한다. 학교는 교사 연수 예산으로 B 회사의 전 교과 무제한 '클릭 프리 패스권'을 지원하기도 한다.

많은 교사가 수업을 준비하는 첫 단추로 A 커뮤니티나 B 콘텐츠 회사 자료를 둘러본다. 좋은 자료를 다운로드해서 그에 맞춰서 수업을 계획한다. 수업 디자인 맨 마지막 단계에서 고민하는 활동지를 첫 단추로 세팅해 놓고 시작하면 수업자의 고민이 들어갈 틈이 없다. 단위 시간 활동지를 만드는 일이나, 사용할 자료를 획득하는 것이 수업 디자인의 전부일까? 이 '빨리빨리'의 선택이 뭔가 허전하다. 왜 교사들은 교과서대로 수업하는 것에 부담을 느낄까?

"오늘은 교과서를 집어넣으세요. 오늘 수업은 선생님이 준비한 자료로 할 거예요."

이 한마디에 아이들은 환호성을 지른다. 선생님이 따분한 교과서 수업이 아닌 뭔가 재미있는 활동을 준비했다는 기대에 마음이 들뜬다. 교과서를 재구성해서 재미있는 활동으로 제시해야 한다는 강박은 교사들을 정보의 바다로 내몰고 USB 장바구니에 단원별, 차시별로 자료를 모으도록 압박한다. 만들 시간은 없고 둘러보고 내려받는다. 그런데, 수업에 들어와 있는 아이들은 어떤 마음일까? 우리 선생님이 펼쳐 놓은 자료 앞에서 과연 아이들은 눈빛이 흔들릴까?

내 수업은 내가 만들자. 다른 사람이 만든 것을 내 수업이라고 가져오지 말자. 수업 윤리라고 해두자. 서툴지만 우리 선생님이 고민해서 만들어 준 수업인지, 다른 사람 고민을 내려받기 한 것인지, 아이들이 혹시 알고 있지는 않을까?

이제 내 수업을 만들어 보자. 먼저 단원을 살펴본다. 단원에서 아이들이 궁극적으로 배울 것은 무엇인지 친절하게도 성취기준에 잘 나와 있다. 단원을 그대로 할 것인지, 재배치할 것인지, 통합할 것인지 등을 성취기준에 근거해서 따져 본다. 한 차시 활동을 구상하기 전에, 단원이라는 큰 그림을 훑어보면서 수업을 상상하자. 단원을 통찰할 때 빼놓을 수 없는 것이 교육과정을 읽는 것이다. 교과서와 교사용 지도서 훑어보기에도 벅찬데 왜 교육과정까지 읽으라는 건지, 어디서부터 읽어야 하는지, 왜 읽어야 하는지, 내 수업에는 어떻게 들어오는지 알 수가 없다. 내가 스스로 수업을 디자인해 보기 전까지는. 교육과정은 그 교과가 어떤 맛인지, 단원에서 무엇을 가르치고 배워야 하는지 친절하게 알려 준다. 천천히 읽다 보면 수업 장면이 떠오른다.

한 학기 단원 배치가 정해졌으면 단원의 차시를 구성한다. 교사용 지도서의 친절한 레시피는 참고만 한다. 각 차시 활동은 성취기준에 근거해서 만들면 된다. 경력 30년이 넘으신 중학교 선생님 한 분을 수업 컨설팅 팀에서 만났다. 첫 만남에서 선생님은 어려운 고백을 하셨다.

"내 손으로 아이들에게 나누어 줄 활동지를 만들어 본 적이 지금껏 단 한 번도 없어요. 그저 칠판에 분필로 쓰면서 교과서 문제를 풀어주는 수업을 30년 넘게 해 왔습니다. 내 손으로 활동지를 만들어 보고 싶지만 어디서부터 어떻게 시작해야 할지 모르겠어요."

어찌 그 선생님뿐일까. 활동지를 만드는 비법은 단순하다. 일단 만들고, 끝까지 완성하고, 자주 만들어 보고, 수업에서 꼭 사용한다. 그리고 수업 후 아이들이 잘 배웠는지 성찰한다. 수업 친구와 같이 만들면 더없이 좋다. 활동은 배움 주제와 맥락에 맞아야 한다. 자료나 활동이 아무리 매력적이라도 배움 주제와 동떨어진다면 과감히 버려야 한다. 이런 경우 대부분 자신의 사적 관심사가 문제다. 버리자니 미련이 남아서 어떻게든 이리저리 쪼개고 붙여서 수업에 구겨 넣고 싶은 욕심이 있다. 좋은 활동의 기준은 '탐구'와 '협력'이다.

마지막으로 '활동'의 순서를 정한다. 오늘 주제와 가볍게 만나는 활동은 무엇으로 할지, 기초 기본과제는 어떤 활동으로 할지, 질 높은 배움에 닿을 수 있는 점프 과제는 무엇으로 할지를 정한다. 활동과 활동이 분리되지 않고 자연스럽게 연결되어야 한다. 활동의 물줄기를 따라가다 보면 계곡의 시냇물이 강물을 만나고 바다를 만날 것이다. 교사는 강가에서 둥근 돌들이 부르는 강물의 노래를 음미하면 된다.

"강에서 돌들을 치워버리면 그 강은 노래를 잃어버리니. 돌 하나품고 흐르는 저 강물처럼." (『걷는 독서』, 박노해)

내가 수업에서 무엇을 어려워하는지 모르던 때가 있었다. 차츰 내게 부족한 부분이 보이기 시작했고, 어느 날 아이들이 내 눈에 들어왔다. 내 안에 꿈틀거리는 나도 모르는 어떤 능력이 저절로 발휘되는 느낌이었다. 돌이켜 보면 성장하지 않은 답보상태가 상당히 길었다. 성장은 열정과 사색으로부터 온다. 이제야 깨닫는다. 수업하면서 가장 많이 배우는 사람, 내 수업의 최대 수혜자는 바로 나 자신이라는 것을. 아이들을 믿고 기다려 준 대가였다. 아니 아이들이 나를 기다려주었다. '선생님, 잘할 수 있어요.' 내 수업을 내가 만들었더니, 아이들 눈빛이 흔들렸다.

다독임과 발돋움

5월, 4학년 수업을 가만히 되돌아보았다.

'생각대로 되었어? 어떤 지점이 제일 어려웠어? 단연 전체 공유! 전체 공유할 때 아이들이 듣지 않고, 반응이 없으니까 수업이 답답해. 교과 수업 담당으로 짧게 수업에 들어가니까 마음도 급하고 잘 안 될 거라고 미리 짐작했어. 그동안 담임으로서 수업할 때는 아이들에게 배움 습관이 스며들 시간이 충분했어. 그럼 어떻게 하지? 배움중심 OT 수업을 해 볼까? 그런데, 지금 담임 선생님과 아이들의 수업 문화가 있을 텐데. 그러긴 하지만… 아, 모르겠어. 그냥 해보고 싶어.'

나는 이미 프리젠테이션 화면을 열고 제목을 쓰고 있었다. '배운다는 것은 무엇일까?'

나: 배운다는 것은 무엇일까요?

아이1: 모르는 것을 알아 가는 것이요.

나: 오, 고마워요. 오늘 주제를 다 알아버렸네요.

아이1: 우와, 진짜예요? 신기하다.

나: 네, 배운다는 것은 1번, 아는 것을 반복해서 말하는 것에서 시작한다. 2번, 모르는 것을 모른다고 묻는 것에서 시작한다. 몇 번일까요?

아이들: (모두) 2번이요.

나: 아는 것을 반복해서 말하는 것은 왜 배움이 아닐까요?

아이2: 아, 선생님 참 답답하시네. 그건 원래 아는 것이니까, 배우기 전에도 이미 알고 있는 것이니까 배움이 아니죠.

나: 모두 구구단 2단 해 볼까요? 시작!

아이들: 이일은 이, 이이는 사, 이삼은 육….

나: 잠깐, 배움이 일어나고 있어요?

아이들: (웃음) 아니요. 다 아는 것을 반복하는 것은 배움이 아니에요.

나: 그럼, '모르는 것을 모른다고 묻는 것' 이것을 뭐라고 할까?

아이들: ….

아이3: 질문?

나: 맞아요. 모르는 것을 모른다고 묻는 것, 그것이 바로 질문이에요. 어때요? 질문 쉽죠?

아이들: 진짜요?

나: 배움은 질문으로부터 시작됩니다. 동의해요?

아이들: 네!

나: 자, 그럼 질문을 연습해 볼까요? 지금 선생님이 어려운 수학 문제를 설명한다고 가정해 봅시다. 여러분은 모르는 것이 있어요. 어떻게 질문할까요?

아이들: ….

아이4: 음, 다른 아이들이 선생님의 설명을 듣는 것을 방해하지 않도록 잠시 기다렸다가 손을 들어도 되는 시간을 잘 살피면서 손을 든 다음에, 선생님이 지명을 하시면 일어서서 다른 아이들 수업에 방해가 되지 않게 선생님께 모르는 것을 말씀드립니다.

나: 무슨 말인지 이해했어요?

아이들: 아니요.

나: 그럼 조금 간단하고 쉽게 말해 줄 친구 있어요? 질문 어떻게 할까요?

아이5: 먼저 질문하기 전에 내 질문이 친구들 수업을 방해하지 않는 질문인지 먼저 생각해야 합니다. 질문이 수업을 방해하지 않는다고 생각되면 손을 들고 발표하듯이 질문해야 합니다. 선생님 설명을 방해하면 안 되니까 되도록 짧게 질문해야 합니다. 그리고 선생님 대답을 기다렸다가 그 대답이 이해가 잘 안 된다면, 또 물어보면 수업에 방해되니까 개인적으로 선생님에게 가서 질문합니다.

아이의 논리 정연한 말은 끝없이 이어졌다. 두 아이 모두 질문을 '방해'와 연결 짓고 있었다. 나는 들으면서도 믿기지 않았다. 아이들이 가지고 있는 질문에 대한 틀은 나의 상상을 뛰어넘었다. 숨이 막히고, 어지러웠다.

> **나:** 이제 이해되었어요?
>
> **아이들:** ….
>
> **나:** 이해가 안 되었는데, 왜 가만히 있었어요? 이해가 안 되면 어떻게 해야 하죠?
>
> **아이들:** ….
>
> **나:** (화면의 2번. '모르는 것을 모른다고 묻는 것'을 가리키며) 질문이 뭐라고요?
>
> **아이들:** 모르는 것을 모른다고 묻는 것.
>
> **나:** 그럼 질문해 보세요.
>
> **아이6:** 선생님, 몰라요. 다시 알려주세요.
>
> **나:** 고마워요. 그게 바로 질문이에요.
>
> **아이들:** 네?
>
> **나:** 질문 참 쉽죠? 이거 어떻게 해? 왜 그렇게 생각했어? 그게 바로 질문이에요.
>
> **아이들:** 아, 진짜요?

나: 그럼 질문에 대한 질문 하나 더. 1번, 우리 반 모두에게 내가 모른다는 사실이 알려지는 창피한 일이다. 2번, 우리 반 모두에게 한 번 더 배울 수 있는 기회를 주는 고마운 일이다.

아이들: (모두) 2번이요.

나: 선생님은 학생이었을 때 질문이라는 것을 해 본 적이 없었어요. 왜 그랬을까요?

아이들: 공부를 잘해서? 모르는 것이 없어서?

나: (웃음) 선생님은 그렇게 공부를 잘하는 학생이 아니었어요. 수업 시간에 모르는 것도 정말 많았어요. 그런데 왜 질문을 한 번도 안 했을까요?

아이7: 창피해서?

나: 맞아요. 질문을 창피한 일로 생각했어요. 내가 모른다는 것이 들통날까 봐서 창피했어요. 그래서 모르는 것은 계속 모르는 채로 숨겼어요.

아이8: 나도 그랬는데….

아이9: 그럼 선생님은 배움이 일어나지 않았겠네요.

나: 그렇죠. 바로 그거예요. 아는 것만 알고, 모르는 것은 모른다고 물어보지 않았으니 배움이 일어나지 않았죠.

아이10: 그럼 모르는 것은 어떻게 했어요?

나: 가끔 질문하는 친구가 있었어요. 그 친구가 질문을 해 주면 선생님이 쉽게 설명해 주셨고, 그래서 알게 되었어요.

아이들: 아! 질문이 정말 고마운 일이네요.

아이11: 모르는 친구에게 한번 더 배울 기회를 주는 고마운 일 맞네.

아이12: 질문이 배움을 만들어주는 거 맞네요.

나: 그럼 서로 배우는 관계가 좋을까요? 잘하는 사람이 항상 가르치는 관계가 좋을까요?

아이들: 서로 배우는 관계요.

나: 그런데 어떡하죠? (교사를 가리키면서) 공부를 못하는 나는 이 친구에게 가르쳐 줄 것이 없는데요.

아이들: ….

아이13: 그런데 가르쳐 주면서 완벽하게 알게 되니까, 서로 배우는 관계 아닌가?

아이14: 아, 맞네, 가르쳐 주면서 배우는 관계가 되는 거 맞네.

아이15: 그럼 못하는 친구가 꼭 다시 물어야 해요. 자기가 어디서 막혔는지 물어야 해요.

아이16: 아, 맞네. 질문을 해야 다시 생각해서 알려줄 수가 있네.

아이17: 역시 중요한 것은 또 질문이네.

아이18: 거참, 신기하네. 서로 배우는 관계가 되네.

〈2021년 6월 1일 문흥중앙초등학교 5학년 3반 수업〉
주제: '배움이란 무엇일까요?' 중에서

듣기, 질문, 탐구, 협력… 이런 키워드로 아이들 눈높이를 맞추어 대화를 나누었다. 아이들 반응은 정중했다. 처음으로 시도해 본 OT 수업, 서로 다독이면서 최선을 다하는 경험, 발돋움이 시작될 것 같다.

존엄 연습

교사1: 아이들이 말을 안 해요. 입을 꾹 다물고 있어요. 토론 시간에 좋은 방법이 없을까요?

교사2: 얼마 전에 연수에서 아주 좋은 기법을 배웠어요. 창문 토론인데요, 창문 모양이 그려진 활동지에 모둠 4명이 한 영역 씩 배당받고, 주제에 대한 자기 의견을 적어요. 함께 의논해서 가장 좋은 의견을 채택하고 창문의 중앙에 적으면 돼요.

교사3: 오, 그거 아주 좋은 방법이군요. 아이들이 재미있게 의견을 나누겠네요.

교사4: 자기 칸에 의견을 쓰고, 친구들의 의견도 한눈에 볼 수 있겠네요.

교사5: 종이에 자기 칸이 있으니까 구성원들이 모두 참여할 수밖에 없겠어요.

교사2: 맞아요. 그게 이 기법 핵심이죠. 무임승차를 없애는 것.

교사1: 오, 역시 수업은 아이디어가 중요해요. 당장 수업에서 사용해 봐야겠어요.

수업에는 많은 기법이 들어온다. 끊임없이 양산되고 사라지는 다양한 기법들 앞에서 교사들은 생각이 많아진다. '이 기법은 또 뭐지? 이거 안 배우고 있으면 나만 뒤처지는 건 아닐까?' 수많은 기법이 학교로 찾아와서 풀어헤쳐진다. 교직원 연수로, 책으로, 연구회 주제로 만들어진다. 그러다 이내 곧 사그라든다. 철학이 빈약하기 때문이다. 사물의 본질을 꿰뚫는 철학! 철학은 세상 모든 사물을 움직이게 하는 '본질의 힘'이다. 그런데 '수업'이 보통의 사물인가….

다시 고민으로 돌아가 보자. '아이들이 말을 안 해요. 입을 꾹 다물고 있어요.' 수업에서 아이들이 친구들과 나누는 이야기의 본질은 무엇인가? 본질은 그냥 대화다. 마음을 열고, 애정 어린 시선으로 눈을 맞춘다. 서서히 내 생각을 끄집어내 보고, 생각이 다르면 설득하려고 시도한다. 어느새 설득당하기도 하고, 나와 다른 입장을 가진 친구와 간극을 좁히는 것이 얼마나 어려운지 느낀다. 생각이 저 밑에서 맴

돌지만, 입으로 나오지 않아서 그저 듣고만 있다. 총명한 친구 생각이 부럽기도 하고, 나와 같은 생각을 가지는 친구와 동지애를 느끼기도 한다. 친구의 말이 다 맞는 말 같지만, 말투 때문에 쉽게 마음이 열리지 않을 때도 있다. 이 모든 일련의 과정을 품고 있는 것이 대화의 본질이다. 대화는 강력한 배움의 도구이다. 수업이 어려울 때, 기법을 들여오기 전에 본질로 돌아가서 고민을 즐기자.

수업 중 대화와 집에서 가족들이 나누는 대화, 친구와 카페에서 나누는 대화는 본질이 같다. 내가 전달하고 싶은 이야기를 마음 놓고 할 수 있는 안전한 분위기가 보장되어야 한다. 포스트잇이 없어도, 스티커가 없어도 아이들은 대화한다.

"나는 이 부분이 마음에 들어."

"나는 생각이 조금 달라."

"네 이야기를 듣다 보니까 그럴 수도 있겠다 싶어."

"그래도 여전히 나는 너의 의견에 동의할 수가 없어."

김현주 선생님(해남 산이중학교) 과학 수업을 봤다. 화학 반응식 모형을 만든다고 해서 방법이 궁금했다. 포스트잇 색깔과 크기를 달리해서 원자, 분자, 이온의 이름을 쓰고 반응식을 만들었다. 아이들은 친구들과 포스트잇을 붙였다 떼기를 반복하면서 반응식을 찾는 대화를 한다. 포스트잇의 재발견이다. 꼭 필요한 도구는 수업을 가볍게 만든다. 도구나 장치가 많이 들어올수록 수업은 무거워진다. 수업이 무거우면 대화는 막히고, 막힌 대화를 뚫기 위해 또 다른 무언가가 투입될 수밖에 없다. 악순환이다.

'그것이 대화를 도와주는가?'

'아이들을 배움의 본질로부터 멀어지게 하면서, 수업을 무겁게 하지는 않는가?'

대화, 서로 존엄한 존재로 나아가는 고급 연습이다. 대화의 본질은 '존재와 존재의 만남'이다.

협동이라 쓰고, 경쟁이라 읽고

나: 왜 협력해야 할까요?

아이1: 혼자 하면 어려워요.

아이2: 같이 하면 쉬워요.

아이3: 서로 다른 생각에서 깊이 배울 수 있어요.

아이들은 정확하게 안다. 협력으로 배우는 이로운 점을. 아니다. 배움은 본디 본질이 협력이다. 본질을 거스르면서 가져온 장치가 경쟁을 부추긴다.

교사: 다 한 모둠은 자석 올리세요. 어떤 모둠이 빨리 완성하는지 볼게요.

교사: 모둠 친구들에게 문제를 내고, 정답을 맞힌 개수만큼 모둠 자석을 올리세요.

교사: 모둠 친구들이 모두 해결하면 다음 활동으로 넘어갈 수 있습니다.

협동이라는 이름으로 끊임없이 속도 경쟁을 강요하는 요소들이 교실 구석구석에 침투한다. 이해가 느린 아이들은 자신 때문에 모둠 자석을 획득하지 못해서 미안하고, 모둠 친구들도 못하는 친구 때문에 모둠 간 경쟁에서 밀리는 것이 싫다. 그런데 뭔가 좀 이상하다. 어차피 경쟁이 목적이었으면, 개인 간 경쟁을 시키지 왜 모둠 경쟁을 시킬까? 개인 간 경쟁은 뒤처지는 아이를 내팽개치면서 방치하는 모양새가 만들어진다. 그래도 수업인데 그건 좀 아니다. 잘하는 아이가 못하는 아이를 가르쳐 주고 이끌어주는 구조는 필요할 것 같다. 그러다 보니 어느새 아이들도 효율을 생각한다. 친구에게 과정을 천천히 설명해 주고 되물으면서 기다려주는 대신, 시간과 노력을 줄이는 비법으로 간단히 정답을 알려주고 했다고 치는 경우가 많아진다. 이 장면에서 진짜 협력적인 배움이 일어나는지 고민해 봐야 한다.

서로 배우는 관계는 정답을 효율적으로, 빨리 알려주는 관계는 아니다. 친구에게 어떻게 설명할까 생각하면서 자기 언어로 이렇게 저렇게 표현해 본다. 옆 친구에게도 도움을 구해야 한다. 설명이 쉬워질수록 본질에 가까워지고, 내가 미처 생각하지 못한 부분을 건드리게 된다. 막막하던 장막이 걷히고 친구가 이해하기 시작하는 순간, 나는 한 발자국 깊이 들어간다. '아하, 이제 이해했어. 알겠어. 이제 알겠어. 고 마워.' 이것을 주고받으면 깊고 끈끈한 관계가 된다. 가르쳐주는 친구 에게도, 도움을 받은 친구에게도 '최선을 다한 경험'은 자체로 의미가 있다. 모둠 자석이나 칭찬 스티커와 견줄 수 없이 고귀하다. 아이들이 그 맛을 알면 어떤 보상도 시시해진다.

아이들은 이름 대신 번호를 가지기도 한다. '1번 학생 말씀해 주 십시오.' '2번 학생 순서입니다.' 생각을 끄집어내는 시간은 다 다르다. 그런데 이상하게 이끔이 학생이 시키면 대부분 바로 발언을 한다. 지 명을 받았으니 뭐라도 발언이 나온다. 물론 모두 그런 것은 아니겠지 만, 아니어야 하지만 생각이 빠진 발언, 정답일 것 같은 발언으로 자 기 발언 순서를 해치워 버리려는 것은 아닐까? 빨리 발언하고 다른 사람에게로 공을 넘겨 버리는 습관은 말하는 즐거움과 듣는 즐거움 을 한꺼번에 날려 버린다. 편안하게 이야기하고 싶은 사람이 먼저 서 서히 말을 꺼내면 안 될까? '서서히'가 주는 침묵을 못 견디고, 기다 리는 시간을 낭비하는 시간이라고 생각하지는 않는지…. 침묵 속에 서 누군가 말하는 짧은 한마디가 사고를 얼마나 증폭시키는지 아이 들은 안다.

이끔이는 대부분 공부를 잘하는 아이, 아니 선생님의 계획대로 수 업이 진행될 수 있도록 도움을 줄 수 있는 아이가 맡는다. '작은 선생님'이다. 아이들은 이끔이 완장의 가중치를 안다. 이끔이가 아닌 나는 내게 부여된 만큼의 역할만 하면 된다. 이끔이가 말하라면 말하고, 쓰라면 쓰고, 종이에 풀칠을 하라면 하면 된다. 내가 어려워하면 이끔이는 나를 정답으로 이끌 것이다. 모둠 안에서 역할이 나뉘어 있는 분업 시스템이 협력이라고 오해한다. 빨리 끝내기 위해서 통제 장치들이 가동된다. 박수를 치면서 손을 머리 위에 올리기도 하고, 다 끝나면 구호를 외치기도 한다. 보이지 않는 경쟁 기류가 감지된다. 협력을 위해서 만든 모둠이 경쟁을 부추긴다.

4학년 아이들 4명과 저녁을 먹고 카페에 갔다. 선생님과 아이들이 좋은 시간을 보내라는 취지로 교육청에서 예산을 지원해주는 '희망교실' 프로그램이다.

> **아이1:** 얘들아, 오늘 진짜 재미있지?
>
> **아이2:** 응, 좋아. 선생님이랑 너희들이랑 레스토랑도 가고 카페도 오고 정말 좋아.
>
> **아이3:** 근데 이제 4학년 거의 다 끝나 가.
>
> **아이4:** 그러네. 정말 이제 며칠 안 남았네.
>
> **아이1:** 너희들은 올해 뭐가 제일 기억에 남아?
>
> **아이2:** 음, 나는 도자기 만드는 체험 간 거. 도자기도 만들고, 떡도 만들고 재미있었어.

아이3: 나는 안전 체험 간 거. 지진체험, 119 소방 체험이 신기했어.

아이4: 나는 다 좋았어. 체험학습도 좋았고, 학교에서 그냥 공부한 날도 다 좋았어.

아이1: 나도. 나는 매일 수업 시간에 그냥 모둠 활동하는 거, 그게 제일 좋았어.

아이2: 맞아. 모둠 활동하면서 친구들과 이야기 나누면 수업 시간이 공부 시간 같지 않고 그냥 다 좋았어. 수업이 금방 끝나.

아이3: 그러게. 공부가 재미있던 적은 처음이야. 뭔가 부담이 없어.

아이들에게 모둠활동을 소개할 때 카페 아주머니들 수다에 비유한 적이 있다.

"얘들아, 모둠활동은 짱구 엄마가 친구들과 카페에서 수다 떠는 것과 비슷해. 가위바위보로 말하는 순서를 정하지 않아도 된단다. 정답도 없어. 자기 생각을 편하게 말하면 돼. '응' 하고 호응하면서 잘 들어주고, 모르는 것은 언제든지 다시 말해 달라고 물어봐도 좋아. 다른 점은 활동지에 근거해서 이야기 나누는 것, 그것 한 가지가 다른 점이야."

아이들을 카페에 데리고 갔더니, 수업 시간 모둠활동과 똑같이 이야기를 나눈다. 자연스럽게 나온 주제는 '4학년 때 가장 기억에 남는 일'이었다. 총명하고 사랑스러운 아이들이다.

04
감히 예술!

어쩌면 아이들이 저렇게

"어쩌면 아이들이 저렇게 거침없이 말할 수 있죠?"

교실은 평등해야 한다. 선생님과 학생 사이도 평등해야 하고, 아이들끼리도 평등해야 한다. 관계의 기본 전제는 평등이다. 교사와 모든 아이의 발언이 존중될 때 교실은 평등하다. 누구나 실수한다. 교사가 실수를 인정하면, 아이들은 선생님을 인정해 준다.

나: 오늘 수학 첫 수업 어땠어요? 괜찮았어요?

아이들: 네, 재미있었어요.

나: 오늘 수업 조금 어려웠는데 친구들과 협력해서 활동지 2장 잘 마무리해서 고마워요. 아이고, 철희 활동지 좀 보세요. 이를 어떡해요? 선생님이 어제 이 활동지를 새벽 3시까지 만들

었는데…. 철희는 선생님이 애써 준비한 배움에 정중하지 못했네요. 어떻게 하죠? 이렇게 너덜너덜해진 철희 활동지를….

아이들: 아….

철희의 활동지는 형광펜으로 어지럽게 색칠되어 있었고, 여러 군데 구멍이 숭숭 뚫려 있었다. 나는 철희 활동지를 높이 들어 아이들에게 보여주었다. 철희는 고개를 푹 숙였고, 나는 오늘 첫날이니 자비심을 베풀기로 마음먹었다.

나: 오늘은 첫날이니까 선생님이 새 활동지를 줄게요. 철희는 앞으로 활동지를 정중히 대해주세요. 알겠죠?

아이는 대답이 없다. 나는 심하게 혼내지 않고 자비를 베푼 자신을 뿌듯해하면서 교실을 나왔다. 잠시 후 철희는 화가 잔뜩 나서 나를 찾아왔다.

철희: 나한테 물어봤냐고요?

나: 어? 뭘 물어봤냐고?

철희: (친구들한테) 보여줘도 되냐고 나한테 물어봤냐고요?

나: 뭘 보여줘도 되냐고? 철희야, 선생님이 진짜 무슨 말인지 몰라서 그러는데, 천천히 말해 줄래?

철희: (점점 언성이 높아지면서) 내 활동지 친구들에게 보여주면서 너덜너덜해졌다고 했잖아요. 그거 나한테 물어보고 보여줬냐고요?

나: 아….

순간 수많은 생각이 스쳤다. 이 상황을 어떻게 대응할 것인가?

나: 철희야, 그랬구나. 미안해. 사실은 선생님도 아이들에게 네 활동지를 높이 들어서 보여주는 순간에 이미 내 행동이 잘못되었다는 것을 느꼈어. 그런데 행동과 말은 나와 버렸고, 그 후에 내가 실수했다는 것을 알아차렸어. 미안해. 너도 그럴 때 있지 않아?

철희: (고개를 살래살래 젓는다.)

나: 아, 그렇구나. 선생님은 가끔 깊이 생각하지 않고 말이나 행동으로 실수할 때가 있단다. 정말 미안해. 선생님이 생각이 짧았어. 사과할게. 선생님 사과를 받아줄 수 있니?

철희: (보일 듯 말 듯 고개를 끄덕인다.)

나: 그런데, 철희야, 선생님이 왜 그런 실수를 했을까?

철희: ….

나: 선생님이 온 정성을 다해서 만든 활동지를 철희가 열심히 하지 않고, 낙서를 많이 해서 순간 서운한 마음에 그런 것 같아. 철희도 선생님께 사과해 줄 수 있어?

철희: (다시 보일 듯 말 듯 고개를 끄덕인다.)

〈2021년 6월 3일, 문흥중앙초등학교 5학년 1반〉
수학 수업을 마치고

철희가 돌아가고, 혼자 남은 나는 다시 수업 장면과 조금 전 우리 대화를 떠올려 봤다. 분명히 내 실수였다. 사과는 진심을 담아서 구체적으로 해야 한다. 나에게 찾아와서 사과할 기회를 주고, 사과를 받아 주고 간 철희가 고마웠다. 그런데 한 가지 아쉬움이 남았다. 그 말을 꼭 해야 했나? "철희도 선생님께 사과해 줄 수 있어?" 세상에, 사과를 강요하다니…. 계속 후회가 밀려오지만 돌이킬 수 없는 장면이다. 각본 없는 상황과의 대화, 그것이 수업이다.

교실이 평등할 때, 아이들은 수업에 편하게 들어온다. 수업을 지배하는 보이지 않는 손, 그것은 평등이다. 이후 수학 수업에 철희는 최선을 다해 정중하게 참여했다.

"어쩌면 아이들이 저렇게 친구 말을 잘 들을 수가 있죠?"

'듣기'가 잘되는 수업 비법은 의외로 간단하다. 말하는 내용이 들을 만하면 아이들은 듣는다. 역으로 들을 만하다는 판단이 서지 않으면 아이들은 절대로 듣지 않는다. 다만 '듣는 척'할 뿐이다.

아이들은 언제 잘 들을까? 아이들은 선생님 말보다 친구들 말을 더 잘 듣는다. 친구의 말도 공부 잘하는 친구의 완벽한 발표보다 어딘가 주춤거리는 친구 말을 더 잘 듣는다. 분명히 교사 설명보다 덜 체계적이고, 덜 논리적이고, 덜 명확하다. 하지만 아이들은 자신과 비슷한 수준의 친구가 말을 시작하면 한번 들어보려는 마음을 가진다. 아이들의 능동성은 참 이상한 지점에서 일어난다. 아이들은 정답을 나열하는 발언보다, 그것을 찾아가는 과정에서 친구가 어떤 생각을 했는지 듣는 것을 좋아한다. 특히 정답을 못 찾고 어느 부분에서 막혔다고 말하면 하던 일을 멈추고 듣기를 더 즐긴다. 아이들은 서로 다른 생각을 비교하며 듣는 것을 좋아한다. '나는 이렇게 생각했는데, 저 친구는 나와 다르게 생각했구나.' 이 순간 듣기는 즐거운 일이 된다. 차이와 다름을 발견하면서 듣는 즐거움의 참맛을 느낀다. 아이들이 잘 듣는 수업 비법은 친구 말을 많이 듣게 해주는 것이다. 모둠에서 잘 듣는 아이들은 전체 공유에서도 잘 듣는다. 모둠에서 '듣는 맛'을 알았기 때문이다.

"자, 같이 이야기해 볼까요? 틀려도 괜찮아요. 덜해도 괜찮아요. 다른 친구들은 어떻게 생각했는지 들어 봅시다."

듣기를 어려워하는 학급의 아이들은 선생님이 전체 공유하자는 말을 자신들의 언어로 재해석한다. '자, 다 했죠? 정답을 알고 있는 친구 있나요? 정답을 발표해 봅시다. 선생님이 정답을 확인해 줄게요.'

"어쩌면 아이들이 저렇게 모둠활동을 잘하죠?"

"왜 개인 활동 시간을 주지 않고, 바로 모둠 이야기를 시작하나요? 혼자 차분히 먼저 생각해 보아야 하지 않나요? 처음부터 모둠 이야기를 시작하면 공부가 뒤처지는 아이들은 혼자 생각할 시간이 없이, 잘하는 아이가 말하는 것을 듣고 그대로 따라 하지 않나요? 잘하는 친구의 생각에 기대는 나쁜 버릇만 생기지 않을까요?"

연수에서 선생님들이 많이 주시는 질문이다.

"먼저 혼자 힘으로 해 보세요. 그리고 이어서 모둠 이야기 합시다." 선생님의 이 말은 개인 사고 후 모둠 공유하는 이상적인 방법 같지만, 한 발자국 들어가 보면 못하는 아이는 멍하니 앉아서 포기했고, 잘하는 아이는 다 했으므로 굳이 모둠 이야기를 할 필요가 없다. 그렇다면 못하는 아이가 모둠 대화 안에서 자기 사고를 할 수 있는 구조를 어떻게 만들까? 못하는 아이가 중간에 아무 때나 끼어들어서 질문을 할 수 있으면 된다.

"이거 어떻게 해? 나 이거 하나도 모르겠어."

아이들이 친구에게 모르는 것을 모른다고 끊임없이 되물을 수 있으면 된다.

"어려워, 무슨 말인지 모르겠어. 쉽게 알려 줘."

이 말은 도움을 주는 아이의 설명에 오류가 있거나, 더 쉬운 설명이 필요한 상황이다. 가르치는 아이와 배우는 아이 모두 질 높은 배움을 경험한다. 이해가 느린 친구들이 탐구할 수 있도록 기다려 주는 배려도 필요하다. 배움의 본질은 협력이다. 각자의 내면에 훌륭한 교사가 있음을 인정하면 된다.

"어쩌면 아이들이 저렇게 끝까지 몰입하죠? 아무런 보상도 없는데요."

어려운 과제를 만나면 모둠에서 아이들은 한동안 활동지만 바라보며 말이 없다.

아이1: 아, 이거 너무 어려워.

아이2: 이건 말도 안 된다. 이건 진짜 못 해.

아이3: 아, 복잡해. 뭐가 뭔지 하나도 모르겠어.

아이1: 야, 근데 이거 어디서 많이 본 것 같지 않냐?

아이2: 이거. 병원 수술실 심장 박동 수 같은 것 이거.

아이3: 뉴스에 매일 나오잖아. 코로나 확진자 숫자 말할 때….

아이4: 그럼 이 아래쪽 검정선 이것도 꺾은선 그래프야?

아이3: 꺾은선 그래프 같아. 변화가 빨리빨리 일어나서 왔다 갔다 하니까 이렇게 보이는 것 아닐까?

아이4: 근데, 왜 이렇게 줄어들었다 늘어났다 이렇게 될까?

아이1: 그니까. 계속 쭉 줄어들면 우리도 온라인 수업 그만해도 되고….

아이2: 왜 좀 줄어들다가 다시 늘어날까?

아이3: 사람들이 답답해서 어디를 돌아다니니까 그런 것 아닐까?

아이4: 맞아. 확진자 수가 좀 줄어들면 식당 같은 데 막 돌아다니니까 다시 늘어나.

아이3: 우리 동네 식당도 사람들 엄청 많아.

아이4: 해외 유입이 뭐야? 외국 사람이야?

아이3: 야, 누적 확진자는 뭐야?

아이4: 확진자는 알겠는데, 누적이 뭘까?

아이1: 심각하다는 뜻일까? 피로가 누적? 많이 아픈 사람인가?

아이2: (그때 마침 모둠에 오신 선생님께) 선생님, 누적 확진자가 뭐에요?

나: 누적 확진자? 이 말이 어려워요? (네) 누적이 뭐에요? 누적?

아이2,3,4: 잘 모르겠어요.

아이1: 피로가 누적되다?

나: 피로가 누적되다는 어떻게 되었다는 뜻일까요?

아이2: 피로가 다 쌓인다?

아이1,2,3,4: 아하, 그럼 지금까지 나온 확진자를 모두 더한다는 뜻?

〈2020년 12월 4일 일곡초등학교 4학년 3반 수학 수업〉
주제: '꺾은선 그래프를 읽어 볼까요?' 중에서

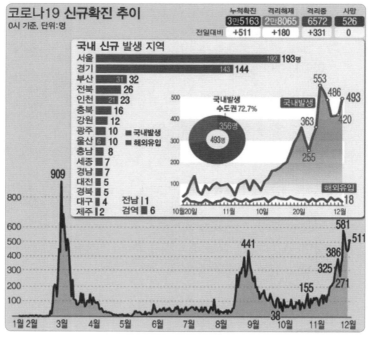

[출처: 질병관리청, 2020.12.2.]

아이들은 말하면서 생각을 만들고, 들으면서 생각을 정리한다. 배움은 대화적 커뮤니케이션이다. 누구나 쉽게 대화에 참여할 수 있는 질문이 필요하다. '이거 어떻게 해?' 이 정도면 충분하다. 나도 한번 저 대화에 끼어 볼까? 한 발 들어가 보자. 어려우면 친구들에게 물어보면 된다. 보상은 '탐구의 즐거움'이다. 호기심을주는 질문, 이유를 탐구하는 질문은 학생들에게 사유하고 탐구하는 즐거움을 준다. 즐거우면 몰입한다. 몰입은 최고의 보상이다.

"어떻게 아이들이 저렇게 사이가 좋을 수 있죠?"

교실은 아이들이 서로 배우며 함께 성장하는 놀이터다. 2016년 3학년에 갓 올라온 우리 반 아이들은 정말 많이 싸웠다. 싸움을 해결하느라 수업은 뒷전이었다. 아이들 관계를 회복시켜서 수업을 잘하고 싶었지만, 싸움은 매일 끊이지 않았다. 한 달이 지나고 아이들도 나도 서서히 지쳐갔다. 4월 즈음에 나는 자포자기 심정으로 그냥 수업을 하기로 했다. '수업을 더는 미룰 수가 없다. 어떻게든 모둠활동만이라도 해 보자.'

"친구랑 의논해서 같이 해 보세요."

"친구들에게 자기 생각을 말해 보세요."

결과는 놀라웠다. 하루에 네다섯 건씩 생기던 크고 작은 싸움이 모둠활동을 시작하면서 한 건 정도로 줄었다. 4월이 끝나갈 즈음, 아이들은 더 이상 싸우지 않았다. 특별한 것은 아무것도 안 했다. 단지 수업 시간에 모둠활동으로 친구들과 대화하도록 했을 뿐인데….

우리 반 갈등의 중심에는 항상 철우가 있었다. 철우는 친구들과 관계 맺기를 어려워했고, 어딘지 모르게 조금 달랐다. 같은 말을 여러 번 해 주어야 의사소통이 되었고, 가끔 혼잣말도 하고, 걸음걸이나 일상생활 습관도 조금 달랐다. 자기 뜻대로 되지 않을 때 고함을 지르면서 화를 조절하지 못할 때도 있었다. 담임 눈에는 순박하고 착한 열 살 아이였지만, 아이들은 미묘한 차이를 인식하고 철우를 무시했다. 아이들은 철우랑 뭔가를 같이 하는 것을 싫어했다. 철우도 당연히 이 분위기를 느끼고 있었다.

나는 우리 반 아이들이 어떻게 철우랑 잘 지내게 되었는지 특별한 계기를 알지 못한다. 아이들은 모둠활동에서 철우를 잘 도와주고, 철우의 느린 배움을 기다려 주었다. 그런 장면을 보는 것이 얼마나 가슴 떨리는 희열이었던가. 철우가 없을 때 모둠 아이들에게 지나가는 말로 넌지시 물어봤다.

> **나:** 철우에게 잘 설명해 주고 도와주어서 고마워. 어떻게 그런 마음이 생겼어?
>
> **아이1:** 음, 잘 모르겠어요. 예전에는 철우가 지저분하다고 생각했어요. 옆에 가기도 싫었어요. 지금은 안 그래요.
>
> **아이2:** 옷도 깔끔하고, 철우 매일 목욕도 하고 머리도 감아요. 하나도 안 더러워요.
>
> **나:** 그런데 예전에는 왜 철우가 더럽다고 생각했을까?
>
> **아이3:** (웃으면서) 그러니까….
>
> **나:** 그럼 무엇 때문에 철우에 대한 생각이 바뀌었어?
>
> **아이1:** 음, 정확히는 모르겠는데요, 모둠활동 할 때 철우가 하는 말을 천천히 들어주었는데 괜찮았어요.

아이2: 네, 맞아요. 그냥 이야기하고, 들어 주는 것만 했는데 철우가 은근 좋아졌어요.

아이3: 제가 공부를 가르쳐 줄 때, 철우가 하나하나 알아 가는 것을 옆에서 보면 뭔가 제가 좋은 일을 한 것 같아요. 철우 공부를 도와줄 때 마음이 편안해져요.

나: 그러니까, 철우에 대한 마음이 왜 달라졌을까?

아이들: (그냥 까르르 웃는다.)

'모둠의 힘'이다. 사람은 가까운 거리에서 마음을 터놓고 이야기하다 보면 편해진다. 편견을 내려놓고 이야기를 듣다 보면 마음이 말랑말랑 풀린다. 그것을 매시간 반복했다. '이 친구가 그냥 싫었는데, 내 말을 잘 들어주네. 기분이 묘하다. 내 말을 이렇게 잘 들어주니 좋아진다.'

아이들은 친구들을 도와주고 기다려주는 것에 담임인 나보다 훨씬 소질이 많다. 듣기를 즐기고, 친구 속도를 존중한다. 주춤거릴 때 답답해하지 않고, 뿌옇고 흐릿한 상태에서 안개가 걷히기를 기다리며 그 순간을 만끽한다. 상대를 존중하는 마음으로 경청하는 즐거움은 상상 이상으로 크다. 우리 교실은 모르는 것을 모른다고 말할 수 있는 안전한 아지트이다. 듣고, 대화하고, 토론하고, 표현하는 일련의 배움 과정에는 인간에 대한 보편적 이해가 깔려 있어야 한다. 우리 아이들은 모둠에서 그것을 알아 버렸다.

모르는 걸 모른다고

오바마 대통령이 한국 기자들에게 질문권을 주었는데, 우리나라 기자들이 질문을 하지 않아서 중국 기자가 질문하는 유명한 영상이 있다.

> **나:** 애들아, 왜 우리나라 기자들이 질문을 못 했을까요?
>
> **아이1:** 질문을 창피한 일로 생각했어요.
>
> **아이2:** 자기가 모르는 것이 알려지니까요.
>
> **나:** 그럼 여러분이 그 자리에 있던 기자라면 질문할 수 있겠어요?
>
> **아이들:** 네!
>
> **나:** 그럼 어떻게 질문하면 좋을까요?
>
> **아이3:** 오바마 대통령님, 그거 어려워요. 다시 설명해 주세요.
>
> **나:** 오! 질문에 대해서 정말 제대로 알고 있네요.
>
> **아이들:** 모르는 것을 모른다고 말하면 돼요.

〈2021년 6월 25일 일신초등학교 4학년 2반 요청 수업〉
주제: '배움이란 무엇일까요?' 중에서

질문은 수업의 존재 이유이다. 그런데 언제부터인지 질문이 무거운 옷을 입고 교실에 등장했다. 질문을 만들어 내야 하는 일, 어렵고 복잡한 것이 되어 버렸다. 질문을 잘하는 방법을 가르치고 배운다. 질문

을 포스트잇에 미리 써 보고, 질문지를 작성한다. 책을 읽고 짝에게 할 질문을 쓰고, 교과서를 읽고 질문을 만들어서 친구들에게 질문을 한다. 모르는 순간에 '그게 뭐야?' 하면 되는 것을, 왜 이렇게 어렵게 접근하게 되었을까? 왜 이렇게 질문에 무거운 돌덩이 하나를 매달아 놓았을까? '질문 만들기'는 분명 중요하고 의미 있는 활동이다. 하지만 우리 아이들은 아직 '왜?'라는 짧은 한마디로 질문하는 것도 어려워한다. 아이들이 질문을 가벼운 것으로 받아들이고 편하게 할 수 있도록 도와주자. '질문해 주어서 고마워요.' 이 한마디만 거들면서.

질문을 어렵게 만드는 또 다른 이유는, 수업 시간에 끼어들 수 없는 분위기 때문이다. 선생님은 정답을 기대하면서 공부 잘하는 아이를 지목한다. 친구는 유창하게 설명한다. 교실은 그 친구 목소리와 선생님의 호응 외에 어떤 소리도 나지 않고 정적이 흐른다. 정적을 깨고 '나 그 부분 잘 모르겠어. 그게 뭐야?'라고 끼어들 수 있는 배짱은 없다. 모르는 말이 나와도, 공부 잘하는 친구의 설명이 이해가 안 되어도 그냥 있을 수밖에 없다. 선생님은 모든 설명 끝에 '질문 있는 사람?'을 찾는다. 하지만 내가 모르는 부분은 지나갔다. '아까 그 부분 이해가 안 되었어요. 다시 설명해 주세요' 한다고 해도 이해할 자신은 없다. 그냥 포기하는 것이 현명하다. 그리고 수업이 다 끝나가는데 지금 질문했다가는 수업이 늦게 끝나게 될 것이다. 어려워서 재미없어진 수업을 더 끌고 싶지는 않다. 친구들에게 비난받을 것도 뻔하기에 그

냥 포기한다. '어차피 들어도 모르는 것, 질문해서 뭣하랴. 수업만 늦게 끝나지.'

질문은 교사와 교과서가 가장 많이 한다. 그런데 그 질문은 전혀 궁금하지 않다. 아이들은 경험적으로 알고 있다. 선생님의 질문과 교과서 질문은 정답이 정해져 있는 재미없는 질문이라는 것을. 그래서 생각하는 척만 하면 된다는 것을. '궁금하지 않은 질문', 그것은 탐구를 경시하게 만든다. '정말 왜 그럴까?' 아이들의 생각하는 힘이 나오는 '탐구 근육'은 점점 소실된다. 그렇다면 어떻게 하면 아이들이 모르는 것을 모르는 순간에 주저하지 않고 질문하게 할 수 있을까?

질문을 고마운 일로 정착시켜야 한다. 앞에 나와서 전체 공유하는 아이는 한 호흡으로 거침없이 설명한다. 미안하지만 아이의 설명을 잠깐 끊어줄 필요가 있다. 발표하는 학생도 자기 생각을 정리하면서 발표하도록 하는 일명 '끊어 발표'이다.

> 나: 잠깐, 철서야, 미안해요. 철서 설명 중에서 여기까지 혹시 어려운 부분 있어요? 여기까지 괜찮아요? (손을 들어 보이면서) 잘 모르겠어요.
>
> 나: 오, 철연이 어려워요? 질문해 주어서 고마워요.
>
> 나: 철연이가 우리 반 모두 다시 배울 수 있도록 질문해 주었어요. 고마워요.
>
> 나: 누가 다시 쉽게 설명해 줄 친구 있어요?

나: 철림이가 해 줄래요? 고마워요.

나: 철림이 설명 괜찮아요? 철연이 이제 조금 더 이해되었어요?

철연: 아니오, 아직 잘 모르겠어요.

나: 철연이가 아직도 조금 어려운가 봐요. 누가 한 번 더 설명해 줄래요?

나: 철혁이가 해 줄래요? 고마워요.

나: 철연아, 철혁이 설명 괜찮아요? 이해되었어요?

철연: 네, 이제 이해되었어요.

나: 혹시 여기까지 한 번 더 설명 듣고 싶은 친구 있어요?

나: 질문해 준 철연이, 쉽게 설명해 준 친구들 모두 고마워요.

철태: 그런데요, 선생님, 선생님은 맨날 뭐가 그렇게 고마워요?

나: 모두 고마워요. 특히 모르는 것을 모른다고 질문해 준 친구가 고마워요. 다른 친구들이 한 번 더 배우게 해 주었으니까요.

〈2021년 6월 22일 문흥중앙초등학교 5학년 1반 수학 수업〉
주제: '평행사변형의 넓이는 어떻게 구할까요?' 중에서

Top 10 ! 고마워요! 미안해요!

모둠 친구들과 이야기 해 보세요.
같이 이야기 해 봅시다.
더 이야기 해 보고 싶은 거 있어요?

덜해도 괜찮아요.   잘 모르겠어요.
여기 까지 괜찮아요?   깊이 읽읍시다.
괜찮아요?   아하!

몇 해 전 아이들이 수업 시간에 '우리 선생님이 자주 쓰는 말, TOP 10'을 뽑아 주었다. 스승의 날 선물이라고 예쁘게 프리젠테이션으로 만들어 주었다.

아이들이 질문해야 살아 있는 교실이다. '교실은 질문한다. 고로 존재한다.' 질문은 아이들이 학교에 가는 이유이고, 수업 시간 교실에 있는 이유이다. 질문은 배움의 본질이다. 아이들의 질문에 더 이상 무거운 장식을 달지 말자. 질문을 질문으로 그냥 가볍게 두자.

"잠깐, 거기 나 모르겠어. 다시 설명해 줄래?"

'응'의 힘

올해는 학급을 맡지 않았다. 전 학년 수학 교과 수업을 월별로 들어가는데 수업이 너무 어렵다. 동료 선생님께 부탁드려서 수업 한

편을 찍고, 영상을 계속 돌려 봤다. 정확히 보였다. 처음에는 내가 만든 활동지가 문제인가 하는 걱정에 활동지를 지극정성으로 만들었다. 아이들은 모둠활동을 잘했다. '친구들과 의논하면서 같이 해 보세요.' 이 말 한마디에 아이들은 대화하면서 잘 해결했다. 배움이 협력을 기반으로 일어난다는 것을 증명해 준 아이들을 보면서 흐뭇했다.

> **나:** 자, 같이 이야기해 봅시다. 덜 해도 괜찮아요. 자, 모두 여기 볼까요?

아직 해결하지 못한 아이들은 자기 활동지에서 눈을 떼지 못한다. 이야기를 들을 마음이 아직 없다.

> **나:** 철우야, 첫 번째 문제 이야기해 줄래요?
>
> **철우:** 1번 문제는 여기서 먼저 시계방향으로 90도 돌리고, 그다음에 오른쪽으로 뒤집었다고 했으니까, 거꾸로 생각하면 되니까 이 도형을 왼쪽으로 뒤집고 그다음에 시계 반대 방향으로 90도 돌리면 이 모양이 나오는데…. 아닌가? 이게 아니라 순서는 그대로 하고 거꾸로 해야 하나?

철우가 이야기하고 있는 동안 아이들의 반응을 살폈다. 아이들은 자기 문제를 해결하느라 철우 설명에 관심이 없고, 듣고 있는 아이들도 아무런 반응이 없었다.

나: 철우 설명 괜찮아요? 혹시 어려운 부분 있어요?

아이들: ….

나: 괜찮아요?

아이들: ….

나: 철우가 설명하다가 혼동하는 부분이 있었는데 혹시 들었어요?

아이들: ….

<2021년 5월 31일 문흥중앙초등학교 4학년 3반 수학 수업>
주제: '처음 도형을 찾아라' 중에서

　아이들은 반응이 없다. 그 순간 나는 깨달았다. 나는 반응 없는 아이들에게 답답해하며 괜찮은지 물어보고 있었다. 앞에 나와서 설명한 철우도 혼자서 긴 설명을 다 하려니까 중간에 흐름을 놓치면서 자신감이 없어지고 발표가 횡설수설해지고 목소리는 데크레센도로 줄어든다. 조금 전까지 모둠활동에서 그토록 열심히 참여하던 아이들은 왜 갑자기 전체 공유에 망부석이 되어서 무반응으로 바뀌었을까?

　먼저 아이들은 오답과 다름에서 배우는 공유시간을 정답을 확인하는 발표 시간으로 인식한 것 같다. 수업의 객체가 되고, 재빨리 관객 모드로 자동 전환되었다. 앞에 나가서 발표하는 친구는 공부를 잘한다. 보나 마나 정답일 것이고, 내 풀이는 정답이 아닐 수도 있지만, 과정은 중요하지 않다. 선생님이 정답이라고 판결하면 내 활동지에 동그라미 치면 되고, 오답이라고 하면 다른 아이가 다시 발표할 것이다. 결과만 중요하다. 무대 위 주인공은 발표하는 친구와 선생님이다. 관객인 자신이 일일이 반응을 보내 줄 필요까지는 없다. 반응이 없으니 발표하는 아이도 발언에 자신이 없고, 논리적이지 않다. 말하는 사람은 있는데, 들어 주는 사람은 없다. 아이들은 긴 이야기를 통으로 들어야 하기 때문에 이해하기 어렵고, 그래서 반응하기가 더욱 어렵다. 악순환이다.

이제 원인을 찾았으니 해결은 쉽다. 아이들과 호응의 필요성을 이야기했다. '응'이라는 한 글자의 막강한 위력을 실습했다. 친구가 반응해 줄 때 말이 잘 나온다는 것을 알았고, 천천히 연습해 보았다. 발표하는 친구의 발언과 발언 사이 침묵을 '응'이 부드럽게 메워 주었다. 잔잔하게 '응'이라고 말하면서 혹시 모르는 것이 있으면 언제든지 끼어들어도 된다.

> **철서:** 잘 봐 봐. 여기 이 1번 도형은 직사각형이지? (응) 여기까진 괜찮아? (응) 그런데 우리는 직사각형 넓이는 가로 × 세로잖아. (응) 그런데 이 옆에 있는 2번 평행사변형을 잘 봐. 이 넓이를 구하려면 직사각형으로 바꿔주면 될 것 같아. (아!)
>
> **철연:** 어, 잠깐, 평행사변형을 어떻게 직사각형으로 바꿔? 그럴 수 있어?
>
> **철서:** 여기 옆에 뾰족하게 삼각형처럼 튀어나온 부분 있지?

(응) 이것을 자르는 거야. (아하)

철태: 그렇게 도형을 잘라도 돼?

철서: 안 되나? 잘라도 되지 않나? 선생님, 잘라도 되나요?

나: 어떻게 생각해요? 잘라도 될까요?

철영: 네, 잘라도 돼요. 어떻게든 넓이만 구하면 되지 않아요?

나: 그럼 철영이가 이어서 설명해 줄 수 있어요?

철영: 이 왼쪽 부분을 잘라서 오른쪽에다 붙이면 (응) 이렇게
직사각형이 돼.

아이들: 아하!

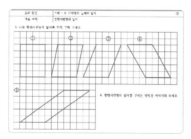 

　　아이들이 친구들을 향해서 발표할 때 과감히 존댓말을 버리도록
허락했다. 친구에게 내 생각을 말하고 있기에 조금 유연하게 반말 발
표를 시도했다. 반말 발표에 친구들은 '응'이라고 반응해준다. 발표하
는 친구에 대한 지지의 응답이다. '내가 너의 말을 잘 경청하고 있어.
계속 말해봐. 그리고 네 말에서 내가 모르는 부분이 나오면 바로 물어
도 되지?' 이 반응을 한마디로 하면 '응'이 되어 나온다.

전체 공유시간의 짧은 '응'은 아이들을 더 이상 무대 아래에서 조용히 관람하는 관객으로, 수업의 객체로 두지 않았다. 조금 전 활발하던 모둠활동의 연장선에서 교실 전체를 하나의 큰 모둠으로 만들면서 적극 반응하고 질문하도록 해 주었다.

예술의 조건, 여백

예술의 본질이 무엇일까? 예술은 소통이다. 우리는 음악을 감상하고 작곡가와 연주가와 교감하고 소통한다. 미술도 문학도 비슷하다. 소통하려면 건네주는 것을 받아야 한다. 그런 의미에서 수업이 예술이 되는 첫 관문은 '듣기'가 아닐까? 배움은 듣기에서 출발한다. 잘 듣는 교실은 어떻게 만들어질까? 우선 들을 것이 너무 많으면 안 된다. 적어야 한다. 교실에 여백이 필요하다.

"어쩌면 저렇게 교사의 말이 적을 수 있죠?"

교사는 누군가 못 들었을까 걱정하면서 반복해서 다시 말하고 싶어한다. 역설적이게도 반복해서 말할수록 못 듣는 아이들은 점점 늘어난다. 수업에 여백을 준다면서 학생들 말을 줄일 수는 없다. 교사 말을 줄일 수밖에. 들을 것이 적어야 듣는 귀가 열린다.

- 교실이 조용한 순간을 아무것도 안 하는 시간이라고 두려워하지 말자.

- 꼭 필요한 말만 간결하게 하고, 모두 알고 있는 내용은 말하지 말자.
- 같은 말은 한 번만 한다. 이해하지 못했다면 질문할 것이다.
- 활동 방법은 되도록 아이들이 찾아내도록 하자.
- 수업과 관련 없는 불필요한 농담으로 수업의 흐름을 교란시키지 말자.
- 꼭 알아야 할 기본과제를 교사 설명이 아닌 아이들이 탐구하는 활동으로 만들자.
- 교사 말이 아닌 아이들 말로 공유하고 정리하자.
- 교사에게 질문이 들어오면, 누가 대답해 줄 수 있는지 아이들에게 되묻자.
- 아이의 말을 되풀이하는 대신에 짧은 감탄사, 눈빛, 끄덕임으로 호응하자.
- 내 수업 영상을 자주 찍고, 꼭 보자.
- 할 말이 없으면, 눈빛을 나누면서 침묵을 즐기자.

예술은 아름답다. 수업은 언제 아름다운가? 한 편의 시가 많은 단어로 이루어진 것이 아니듯, 수업이 활동 1, 2, 3의 설명으로 이루어진 것은 아니다. 활동지는 단순히 풀어야 할 문제가 아니라, 살아 있는 수업의 신비이다. 활동 안에서 아이들이 삶의 신비를 찾아내고 감탄할 때 수업은 아름답다. 좋은 활동은 아이들이 수업에 바로 들어오게 하고, 수업이 끝나도 계속 머무르게 한다. 아이들에게 몰입이 허락되어야 한다. 몰입하고 감탄하려면 여백이 필요하다.

3학년 아이들과 음악 감상 수업을 했다. '아이들이 가야금 곡을 지루해할 텐데…' 교과서에 있는 황병기의 가야금 곡 〈숲〉을 듣고 느낌을 나누는 시간이었다. 갑자기 소나기가 쏟아져 운동장을 세차게 때렸다. 아이들은 음악을 들으면서 자연스럽게 운동장 담벼락 플라타너스들이 장대비와 바람에 흔들리는 광경을 보았다. 교실에서 울리는 황병기의 〈숲〉과 소나기가 만들어내는 창밖 풍경의 하모니는 형언할 수 없을 만큼 황홀했다.

> **아이1:** 비가 내리니까 비가 음악을 만드는 것 같아.
>
> **아이2:** 가야금 중에서 계속 연주하다가 딱 한 번 소리 내고 쉬고 할 때 비가 한 방울씩 떨어지는 것 같았어.
>
> **아이3:** 나는 노래가 강약 박자를 맞춰서 하니까 재미있고, 국어라고 치면 실감 나게 글을 읽는 것 같아.
>
> **아이4:** 비가 나무들을 목욕을 시켜 주고, 바람이 나뭇잎을 머리처럼 말려 주는 것 같아.
>
> **아이5:** 숲에 비가 오는데 동물들이 비 안 오는 데 모여서 비가 그치기를 기다리는 것 같아.
>
> **아이6:** 비가 오고 나뭇잎이 날아가니까, 나뭇잎이 모험을 하는 것 같아.
>
> **아이7:** 비바람이 나뭇잎을 날아가게 하고 그 나뭇잎이 또 다른 나뭇잎을 만나서 같이 놀고 있는 것 같아.

잠시 후 거짓말처럼 소나기가 멈추고 햇볕이 쨍쨍 비추었다. 나뭇잎에 앉은 빗방울이 영롱하게 빛났다.

"선생님, 햇빛 비추니까 한 번 더 들어 봐요."

아이들이 졸랐다. 같은 음악인데 당연히 다른 느낌이었다.

> **아이8:** 인제 해가 나왔으니까, 나무에 숨어 있던 새들이 나와서 자기들끼리 날씨 이야기를 하는 것 같아.
>
> **아이9:** 가야금이 어렸을 때 잠잘 때 엄마가 노래 불러주는 자장가랑 거의 비슷했어.
>
> **아이10:** 가을에 뜨겁지 않고 약간 따뜻한 햇볕이 비치는 것 같아.
>
> **아이11:** 하늘을 보면서 감상을 했는데, 갑자기 돌아가신 할아버지가 생각나서 울컥했어.
>
> (할아버지 생각에 울컥하다는 친구의 말에 감상을 더 이상 나눌 수가 없었다. 아이들은 그 친구 등을 토닥여 주었다.)
>
> **나:** '아, 아름답다.'

〈2016년 7월 15일 삼각초등학교 3학년 5반 음악 수업〉
주제: '황병기의 숲을 감상하고' 중에서

예술은 삶을 풍요롭게 한다. 수업은 어느 지점에서 아이들을 풍요롭게 할까? 자유로운 사고와 상상, 실패에 관대함, 무엇이든 되물을 수 있는 안전함, 어떤 발언도 수용되는 편안함, 친구의 주춤거리는 한마디가 나의 사고로 연결되는 짜릿함…. 여백이 이것들을 가능하게 한다.

예술은 인간을 행복하게 한다. 우리는 언제 행복을 느낄까? 하고 싶은 일을 몰입해서 하는 순간 최고 행복을 느낀다. 하고 싶은 일을 찾도록 도와주는 것, 수업이 받은 임무다. 수업으로 인해 아이들이 현재도 행복하고, 그 행복이 거름이 되어서 어른이 되어서도 행복하다면 수업은 자기 일을 다 하는 것이다.

무엇을 잘하는 사람을 보면 우리는 그가 원래부터 그 일을 잘하는 사람이라고 생각한다. 하지만 우리가 알지 못하는 숨겨진 시간이 있다. 그의 열정과 사색의 시간 속에 존재 자체의 그가 있다. 최선을 다한 시간이 그가 하는 일을 예술로 만들어준다. 수업을 예술로 만드는 일도 역시.

"마음이 사무치면 꽃이 핀다."(『걷는 독서』, 박노해)

05
말랑말랑
너

본질에 닿다

'테크닉을 벗고 본질만 남기자'는 주제로 연수 중에 선생님들과 대화를 나누었다.

> **교사1:** 본질을 강조하시는데, 도대체 배움의 본질이 무엇입니까?
>
> **나:** 배움은 본디 '대화'와 '협력'입니다.
>
> **교사2:** 왜 꼭 대화하면서 배워야 합니까? 혼자 익히면 배움이 안 일어납니까?
>
> **나:** 책을 혼자 읽어도 배움은 일어납니다. 텍스트와 깊이 있는 대화를 나누는 것이지요.
>
> **교사3:** 그렇다면 배움이 꼭 다른 사람과 협력할 필요는 없다는 말인가요?

나: 아니오, 배움은 협력적일 때 본연의 일을 제대로 수행할 수 있습니다.

교사4: 본연의 일이란 무엇인가요?

나: 텍스트를 깊이 있게 만나는 '대상과의 대화', 친구와 텍스트로 나누는 '타자와의 대화' 그리고 종국에는 배움을 자기 것으로 가져가는 '자기 자신과의 대화'까지 배움 본연의 일은 '대화'입니다. 대화 과정에서 협력은 어려운 것을 쉽게 해결해 주고, 서로 다름에서 배우게 도와줍니다.

교사5: 그럼 항상 텍스트, 즉 교과서나 활동지가 있어야 배움이 일어납니까?

나: 텍스트는 배움의 '대상'입니다. 교과서 글, 선생님이 주신 활동지, 영화 한 장면, 선생님 자신, 바로 옆 친구일 수도 있습니다. 적절하고 질 높은 매력적인 텍스트를 고민하고 선택해서 배움의 대화 재료로 건네는 것이 교사의 수업 디자인 몫입니다.

교사6: 매력적인 대상을 찾다 보면 테크닉이 많이 들어가는 수업이 되기 쉽던데요? 아이들은 재미있는 것에 많이 노출되어 있습니다. 세상에는 아이들 감각을 자극하는 것들로 넘쳐납니다. 웬만한 재미는 더 이상 아이들 흥미를 끌지 못합니다. 점점 자극적인 것을 찾게 되고, 수업에서 매력적인 대상을 찾는 것은 쉽지 않습니다.

교사7: 맞습니다. 수업을 계획할 때 이런 재미없는 글을 아이들이 읽을까 염려되는 것이 사실입니다. 더 재미있어야 아이들 관심을 받을 수 있을 것 같아서 불안합니다.

나: 아이들은 배움이 주는 기쁨을 압니다. 선생님이 주신 활동지만으로도 충분히 깊은 대화를 즐길 수 있습니다. 친구들과 나누는 대화에서 즐거움을 알아 버린 아이들은 자극적이지 않은 대상에서도 매력을 느낍니다. 긴 글을 읽어 낼까 싶어서 짧은 만화를 주지만, 아이들은 긴 줄글을 차분히 음미하고 싶을지도 모릅니다. '글로 쓰라고 하면 싫어하겠지? 쓸 수 있을까?' 걱정하면서 '그림으로 표현하세요'라고 제시하지만, 아이들은 서투르지만 글로 쓰고 싶을 수도 있습니다. 가끔 아이들이 '이거 재밌겠네…'라고 히죽히죽 웃으며 수업에 들어올 때, 아이들 손에는 밋밋한 A4 활동지가 전부일 때가 많습니다. 아이들은 질 높은 텍스트가 매력적이라는 것을 알고 있습니다.

교사8: 그렇다면, 아이들이 수업 시간에 재미있는 영상은 집중해서 보는데, 왜 교과서로 돌아오면 지루해할까요?

나: 영상을 보고 깊이 있는 대화를 나누고 교과서 내용으로 대화가 자연스럽게 연결되었다면 지루해하지 않았을 것입니다. 아이들은 영상을 수업 주제와 관련짓지 못하고 흥밋거리로 보았고, 내용이 끝나서 흥미가 사라진 것입니다. 영상을 보고 친

구들과 대화를 나누어야 합니다. 생각을 주고받으면서 다름을 통해서 협력하는 배움을 만들어야 합니다. 배움의 깊이를 더해주기 위해 교과서 텍스트가 선택되었다면 아이들은 정중했을 겁니다.

교사9: 비슷한 사례인데, 과학 시간 실험할 때 아이들이 신나게 합니다. 서로 협동하고, 친구들을 도와주기도 합니다. 하지만 실험 후 결과 정리를 위해서 교재를 펴면서 아이들은 한숨을 쉬고 하기 싫다는 표정을 역력히 보냅니다. 이런 경우는 본질에서 벗어난 껍데기가 무엇일까요?

나: 과학 실험이 레시피 실험은 아니었는지 살펴봐야 합니다. 교과서와 선생님이 알려준 방법대로 분업하면서 작업만 했다면 아이들은 탐구하지 않았습니다. 머리가 바쁘지 않고 손만 바쁜 단순한 손 놀이일 뿐입니다. 재미있는 놀이가 끝나고 실험 결과를 정리하려면 공부 모드로 전환해야 하고 아이들은 힘들 것입니다. 주제를 해결하기 위해 친구들과 머리를 맞대고 실험과정을 설계했다면 어땠을까요? 필요한 실험 도구를 생각해내고, 시행착오를 거치면서 탐구할 것입니다. 다른 모둠 친구들과 실험 내용을 나누고 오류로부터 배울 것입니다. 아이들은 실험 결과 정리를 실험과 별개의 것으로 분리하지 않고 탐구의 연장선으로 '과학 하는 일'을 즐길 것입니다.

교사10: 실험 도구나 과정을 아이들에게 맡기라는 말씀이신가요? 그것은 현실적으로 불가능합니다. 다인수 학급에서는 실험 도구를 수업 전에 미리 세팅해 놓아야 합니다. 부족한 것은 사전에 구입하고, 대체할 수 있는 다른 것도 확보해야 합니다. 그리고 무엇보다 수업을 시간 안에 끝내려면 실험 설계에 시간을 많이 줄 수가 없습니다. 정해진 도구를 제시하고 최적의 실험 순서를 안내할 수밖에 없습니다.

나: 과학 교과의 본질, 아니 모든 배움의 본질을 다시 생각해 봅시다. 정해진 방법대로 작업해서 서로 결과가 비슷한 것을 확인하는 것일까요? 숲을 통째 주고 탐구하도록 해야 합니다. 지도를 보면서 친구들과 대화하고 정상에 도착하는 여정을 허락해야 합니다. 위험한 요소만 주의시킵니다. 과정에서 겪은 것들을 상세히 기록하고 대화하면서 자기 언어로 표현합니다. 교사는 어떤 실험 도구가 필요할지 사전에 다양하게 준비하면서 힘들 수도 있습니다. 수업 시간이 부족하다면 교사가 설명하는 시간을 줄이고, 아이들이 설계하고 탐구하는 시간을 늘리면 됩니다.

교사11: 도구에 대한 질문, 실험 방법에 대한 질문이 쏟아질 텐데요. 과연 수업이 될까요?

나: 질문이 쏟아지는 수업은 그 자체로 성공입니다. 질문을 품은 탐구가 활동의 시작입니다. 배움은 모르는 것을 물어보는

질문으로부터 시작하고, 질문의 다른 이름은 대화입니다. 모르는 것이 많으면 친구와 협력할 수밖에 없습니다. 다른 모둠은 어떻게 했는지 궁금할 것입니다. 전체 공유 시간에 관객이 아니라 주체로서 귀 기울여 듣고, 또 다른 질문을 할 겁니다.

교사12: 과연 그렇게 될까요? 아직은 믿을 수 없습니다.

나: 아이들을 믿어 주세요. 배움의 주체는 교사가 아니라 아이들입니다. 아이들에게 돌려주는 수업의 설렘을 두려움으로 착각하기 쉽습니다. 두려움과 두근거림은 한 끗 차이 아닐까요? 두려움에 도전하는 마음이 더해진다면 두근거림이 됩니다.

말이 안 되는 기쁨

6학년 도덕 수업을 디자인하는데 수업이 막막했다. 배움 주제는 '배려'였다. 너무나 식상한 주제, 배려. 우리 반의 유일한 규칙은 '경청과 배려'였기에 신박한 디자인이 필요했다. 생각이란 본디 힘이 들어갈 때 깊숙한 곳으로 자신을 숨기고 일을 하지 않는다. 전날 내내 수업 노트를 펼쳐서 낙서도 해보고, 오래된 수업 노트를 뒤적여 봐도 헛수고였다. 결국 다음날 준비되지 않은 도덕 시간을 맞았다. 아이들에게 사실대로 고해성사를 했다.

나: 얘들아, 있잖아….

아이들: 뭐요? 말해요 샘. 다 들어줄 테니까 말해 보세요.

나: 사실은 오늘 내가 도덕 수업 준비를 못 했어. 빈손으로 왔어.

아이들: (웃으면서) 수업 노트 이리 줘 봐요. 진짜 없네. 얘들 아, 샘 수업 노트에 주제만 쓰여 있고 온통 낙서뿐이야. 여기 봐 봐. (키득키득)

철연: 샘, 이 낙서에 샘의 깊은 고뇌가 보입니다.

아이들은 갑자기 신이 났다. 수업 준비가 안 된 담임의 틈을 놀리면서 즐기고 있었다. 그때 철윤이가 말문을 트면서 즉석에서 아이들이 수업을 디자인했다. 제법 진지했다.

철윤: 샘, 봐 봐요. 이렇게 하면 돼요. 음, 먼저 칠판에 'Q1. 배려?' 이렇게 쓰고 시작하면 돼요. 일단 제 말대로 해 봐요.

아이1: 배려에 대해 무슨 이야기를 하는 거야?

아이2: 아, 배려의 뜻이 무엇인가, 배려에 대한 정의를 만드는 거지?

다른 아이들이 이어서 디자인 배턴을 받았다.

아이3: 샘은 '모둠에서 이야기해 볼까요?' 그 말만 하면 돼요.

아이4: 모둠 이야기가 마무리되면, 샘이 '얘들아, 같이 이야기해 볼까?' 하면 돼요.

아이들은 나의 멘트까지 알아서 챙겨 주었다.

> **아이5:** 모둠에서 이야기 나눈 배려 정의를 전체 공유하고 아이들이 칠판에 쓰면 돼요.
>
> **아이6:** 그다음은 비슷한 낱말들을 찾아서 우리 반 전체가 동의하는 배려의 정의를 만들어요.

아이들 디자인은 가속도가 붙는다. 배움은 이미 시작되었다. 나는 그저 웃는다. 배려 수업 디자인이 나름 괜찮은 듯싶은데, 늘 내가 해 오던 수업 방식이다. 그 빈칸에 '배려'만 끼워 넣고 있으면서 의기양양하다. 나는 웃음을 꾹 참으면서 아이들의 수업 디자인 연수를 듣고 있었다.

> **아이7:** 음, 그다음 두 번째 활동은… 애들아, 뭘 하면 좋을까?
>
> **아이8:** 아, 자기가 누군가에게 배려받아서 좋은 기억을 모둠 친구들에게 이야기해 주는 것 어때?
>
> **아이들:** 오, 좋은데!
>
> **아이9:** 샘은 조금 있다가 '다 같이 이야기 나눠볼까요? 자기 이야기도 좋고, 모둠 친구 이야기를 전체와 나누고 싶으면 그것도 좋아요.' 이렇게 말하면 돼요.

이 부분에서 더 이상 참지 못하고 거의 떼굴떼굴 구르면서 웃음보가 터졌다. 평소에 내가 하는 멘트를 토씨 하나 빠뜨리지 않고 줄줄 외우고 있었다.

> **아이10:** 애들아, 질문이 있어. 내가 배려받은 기억 말고, 내가
> 남을 배려한 일도 괜찮을까?

아이들은 잠깐 생각하더니 그것도 좋다고 했다. 그렇게 두 번째 활동
'Q2. 나의 배려 스토리'가 완성되었다.

> **아이11:** 점프는 무엇으로 할까?
> **아이들:** 그게 문제네….
> **철원:** 선생님은 배려의 진짜 뜻을 알고 있어요? 한자예요?

나는 사랑스러운 눈빛으로 고개만 끄덕였다.

> **아이들:** 오~!

이 녀석들은 선생님이 알고 있다는 말에 안도하면서 선생님은 역시 선
생님이구나 하는 장난기 가득한 존경의 눈빛을 보내 주었다.

> **철민:** 그럼 점프는 선생님이 알려주는 배려의 진짜 한자 뜻으
> 로, 뭔가 활동을 해 보자.

나는 처음으로 입을 열었다.

> **나:** 점프까지 완벽하게 디자인해 줘.
> **아이12:** 역시 점프 과제 만드는 것이 어렵군요.

아이들은 고민하기 시작했다. 그때 철인이가 눈을 반짝이면서 좋아서 말을 더듬거리면서,

> **철인:** 서선선선생님, 새생생각났어요. 'Q3. 우리는 왜 배려해야 할까?' 이렇게 쓰고 이야기 나누면 돼요.

아이들은 모두 환호했다. 그렇게 한 시간 도덕 수업이 디자인되었다. 다시 만날 수 없는 아름다운 수업이었다. 수업이 다 끝나도 아이들은 수업에서 빠져나가지 못했다.

〈2018년 9월 17일 삼각초등학교 6학년 5반 도덕 수업〉
주제: '우리는 왜 배려해야 할까?' 중에서

비웠더니 채우더라

『지나쳐 간 사람들』 동화책 여섯 권을 들고, 5학년 1반 교실에 들어갔다. 아이들과 그림책 수업을 한 시간 하고 싶어서 담임 선생님께 부탁드렸다. 큰 욕심은 없었다. 책 읽고, 간단히 이야기 나누면서 아이들이 대화의 즐거움을 느꼈으면 하는 바람이었다.

> **나:** 얘들아, 이 책은 어떤 내용일까?
>
> **아이들:** 물고기 이야기요. 사람들이 바닷가를 지나치는 것 같아요. 모래에 발자국이 있어요.

아이들은 표지 그림을 보면서 이야기를 상상한다. 파도에 밀려온 주인

공 물고기 '욱이'는 모래 위에 파닥거리면서 지나가는 사람들에게 계속 도움을 구하지만, 모두 그냥 지나쳐간다. 결국 욱이는 죽고, 밀물에 바다로 떠밀려 간다는 내용이다.

책을 읽는 동안 아이들은 가슴을 치면서 답답해한다. 말도 안 되는 여러 가지 핑계를 만들면서 숨이 끊어져 가는 욱이를 외면하는 사람들이 답답하고 미워서 고래고래 소리를 지르고, 책상을 치고, 발을 동동 구른다.

> **아이1:** 아니 그냥 좀 바다로 던져 주지….
>
> **아이2:** 아니 지금 욱이 죽어 가는 거 안 보이냐고?
>
> **아이3:** 따지는 것은 좀 이따가 하고 막대기로 조금만 바닷물 쪽으로 밀어주면 되는데…, 아, 답답해.
>
> **아이4:** 아, 진짜 사람들 너무하네…, 다른 사람들 도우러 가야 해서 시간이 없다네. 진짜 기가 막힌다.

아이들의 답답함은 극도의 분노로 이어졌다. 책을 다 읽고, 아이들은 내가 미안할 정도로 기진맥진해졌다. 분노 유발 책이었다. 화가 많이 나서 아이들 표정도 심각하다.

> **나:** 어느 부분이 인상적이었는지 모둠 친구들과 이야기 나누어 볼까요?

아이들은 책을 뒤적이면서 화난 부분을 서로 나누었다. 그 장면에서 지나친 사람들의 말도 안 되는 핑계를 지적하면서 다시 언성이 높아졌다.

> **나:** 자, 같이 이야기 나누어 볼까요? 책에서 인상적인 부분은 어디였나요?
>
> **아이5:** 발로 조금만 차서 물로 밀어달라고 애원했는데, '내가 밀어 넣어도 다시 나와서 허우적대겠지'라고 말한 아저씨가 진짜 어이가 없고 화가 났어. 눈앞에서 죽어 가는데….
>
> **아이6:** 욱이가 숨이 차서 한마디도 말하기 힘든데, 어찌 된 사정인지 처음부터 차근차근 이야기해 보라고 한 아주머니는 정말 생각이 있는지 없는지 모르겠어. 너무 화가 나.
>
> **아이7:** 맞아. 나도 정말 생각만 해도 화가 나. 충분히 살릴 수 있었는데.
>
> **아이8:** 자꾸 도와주면 고치기 힘든 의존심만 생긴다고 한 사람, 그 사람은 정말….
>
> **아이9:** 나는 욱이가 죽는 순간이 제일 슬펐어. 욱이는 죽어 가면서 사람들에게 어떤 마음을 가졌을까?
>
> **아이10:** 나도 욱이가 죽을 때, 바로 옆 바다에는 가족이 있을 텐데 답답하고, 슬프고 화가 났어.
>
> **나:** 그랬군요. 모두 느낌을 진지하게 나누어 주어서 고마워요.

두 번째 나눌 대화로 칠판에 'Q2. 우리가 지나치고 있는 것은 무엇일까?'라고 적었다.

나: 지금 여기는 바닷가도 아니고, 우리 옆에는 욱이도 없어요. 그런데 혹시 오늘 책에 나온 사람들처럼 우리도 무엇인가를 지나치지는 않았을까요?

아이들: ….

조금 전까지 흥분과 고성이 오가던 교실에 잠시 침묵이 흘렀다. 아이들은 쉽게 말문을 열지 못하고 생각에 잠겼다. 내가 할 일은 그냥 기다리는 일뿐이었다. 잠시 뒤 한두 명 아이들이 모둠에서 조심스럽게 말을 꺼냈다. 친구 이야기를 듣고 있는 눈빛이 정중하다.

나: 같이 이야기 나누어 볼까요?

아이11: 나는 겨울에 빨간 그릇 매달고 종 울리면서 불우이웃 돕기 하는 것, 그거 지나갈 때 일부러 그쪽으로 안 가고 좀 멀리 떨어져서 지나쳐 간 것 같아.

아이12: 나도 비슷한데, 텔레비전 보다가 월드비전 같은 아프리카 아이들 돕는 광고 나오면 그냥 채널을 다른 데로 돌리면서 지나쳤어.

아이13: 나는 우리 반에 친구 문제로 도움이 필요한 친구가 있는 것을 알면서도 그냥 지나쳤어. 나랑 상관없는 일이라고 생각했어.

아이14: 엊그제 건물 무너지는 사고로 시내버스에 있는 사람들 다치고 돌아가시고 했잖아. 우리가 안전을 많이 지나치는 것 같아. 결국 생명을 지나치는 것과 같은 거니까.

아이15: 맞아, 그러네. 세월호도 그렇고….

아이16: 나는 환경문제 있잖아, 재활용도 대충 버리고 그랬는데, 생각해 보니까 그런 것도 다 이기적인 마음으로 지구에 큰 피해를 준 것 같아. 내가 재활용 제대로 안 한 것도 지나쳐 간 일 같아.

아이들 대화는 끝날 줄 모르고 갈수록 진지해졌다. 친구들 말에 연신 고개를 끄덕이면서 공감해 주었다. 나는 이 수업에 특별한 준비 없이 들어왔다. 모둠 이야기할 때 참고하라고 나누어 줄 책 여섯 권만 달랑 가지고 왔다. 짧은 시간에 아이들은 완벽하게 공감하고, 성찰하여 표현했다. 이 수업에서 나는 특별한 경험을 하였다. 나는 아이들이 무대에 오르도록 자리를 내어주고, 언저리에서 아이들 배경이 되었다. 내가 비웠더니, 아이들이 완벽하게 채웠다.

〈2021년 6월 22일 문흥중앙초등학교 5학년 1반 창체 수업〉
주제: '우리가 지나치고 있는 것은 무엇일까?' 중에서

말랑말랑 완벽주의자

"선생님은 완벽주의자예요."

관심 분야에 깊이 빠져든다는 칭찬인 듯, 아닌 듯 애매한 말이다. '깊이 빠져든다?' 그런 기질의 사람이 따로 있을 것 같지는 않고, 혹시 좋아하는 정도 차이 아닐까? 수업에서 행복한 경험들이 나를 계속 수업에 머무르게 하였다. 한 시간 한 시간 아이들과 주고받는 행복감을 알아버렸다. 수업을 준비하는 것도 행복하고, 수업을 하는 것도 행복하다.

그 행복이 덕지덕지 붙어 있는 것이 나의 수업 노트다. 불현듯 떠오른 아이디어가 수업 노트 한구석에 와서 붙는다. 좋은 활동이 쉽게 안 떠오를 때 슬그머니 수업 노트를 펼친다. 어떤 활동을 만들 것인가 아직 정리되지 않은 생각을 그대로 쓴다. 머리로 생각하지 않고, 손으로 생각하는 방법이다. 내가 듣는 것, 보는 것, 읽는 것, 겪는 것, 대화하는 것 모든 것이 내 수업 디자인 '대상(text)' 재료이다. 일 년에 한 권씩 만드는 나의 수업 노트는 내가 비빌 언덕이다. 아이들은 쉬는 시간에 선생님 수업 노트를 보면서 오늘 수업이 어떤 과정을 거쳐서 잉태되었는지 살펴보며 내 생각을 따라간다.

"샘, 열심히 준비하셨네요."

"이 활동은 왜 안 했어요?"

"내일은 이거 할 거예요?"

수업을 즐기려면 수업 상상력이 필요하다. 유연하고 가벼워져야 한다. 수업은 말랑말랑한 완벽주의자의 놀잇감이다.

06
Back to the
Basic!

과거로 달려가는 미래 교육

몇 해 전, 학교 전체 교실 교사용 책상을 새로 구입했다. 교사들은 모두 선물받은 아이처럼 좋아했다. 그런데 새 책상 주위 전선을 정리하는 몰딩 작업 전, 학교에서 책상의 위치를 똑같이 정해 주었다. 운동장 쪽 유리창과 칠판에서 각각 몇 cm 간격을 두고 책상을 놓아야 한다고 했다. 나는 운동장 쪽 창을 바라보는 방향으로 책상을 두고 싶었다. 칠판 앞은 비워 두고 작은 학생용 의자에 앉아서 도란도란 수업하고 싶었다. 나의 이 소박한 요구는 받아들여지지 않았다. 이유는 몰딩 작업 공정이 번거롭다는 것과 다음 해 우리 교실을 사용할 교사가 이 책상 배치를 마음에 들어 하지 않으면 작업을 다시 해야 하기 때문이라고 했다.

'효율'이 최고의 가치로 여겨지는 때가 있었다. '효율적인가?'라는 질문은 최상의 가중치를 부여받고, 매 순간 중요한 잣대가 된다. 효율적이면 다른 부작용들이 희석되면서 암묵적으로 용서되기도 한다. 사람들은 이 무서운 잣대를 들고 여기저기 측정하기를 즐긴다.

우리는 어떤 상황에서 효율적이라고 할까? 효율은 들인 힘에 대한 얻은 결과의 비율을 말한다. 적은 인풋 노력으로 많은 아웃풋 결과를 만들어내면 효율적이다. 효율을 극대화시키는 방법 중 가장 효율적인 것은 '획일'이다. 식당에서 모두 같은 음식을 시켜야 직원이 쉽게 기억하고, 실수가 없으며, 음식이 빨리 나오는 효율이 달성된다. 같은 물건을 여러 사람이 대량으로 공동 구매할 때 공정이 단순화되어 가격이 내려가는 효율이 생긴다. 이렇듯 획일과 효율의 두 바퀴는 우리 사고 회로에 견고한 펌웨어를 만들면서 행동을 지배한다. 급기야는 '획일이 주는 효율'이 결코 효율적이지 않은 장에서조차 한 치의 의심 없이 획일과 효율을 신봉한다. 나는 일 년 내내 그 교실에서 마음에 들지 않는 책상 배치를 바라보며, 획일의 틀에 나를 구겨 넣으며 살았다. 혹시 내가 아이들에게 강요하는 '획일과 효율'의 함정이 없기를 바라며, 내 의식을 명민하게 곤두세우면서.

미래 교육의 대표 주자인 AI 교육은 학생 한 명 한 명에게 차별화된 알고리즘으로 맞춤형 학습이 가능하다고 한다. 이 친절한 AI가 모두에게 제각각 필요한 루틴을 제공하면서 완벽한 개별화 프로세스를 가능하게 한다고 주장한다. 이보다 더 이상적인 교육은 없는 듯하다.

그런데 AI 시스템을 만든 것은 누구인가? '생각'하는 수업을 받은, 그래서 생각하는 역량을 갖춘 누군가이다. 그들은 분명히 친구들과 대화를 통해서 배웠을 것이고, 모르는 것을 모른다고 말했을 것이고, 친구 이야기를 귀담아들었을 것이다. 그 교실에서 교사는 아이들 배움을 지지하고 어려움을 세심히 돌보고 있었으리라. 왜냐하면 적어도 그렇게 길러진 아이들이 AI의 필요성을 생각해내고 개발할 수 있을 테니까. 교사에게 생각하는 능력이 없어진다면 어떻게 될까? 생각이 배제되는 수업이 이루어지고, 아이들의 생각하는 능력이 흔적기관처럼 사라지는 것은 당연한 수순이다.

코로나19로 인해 교육 현장에는 미래 교육의 요구가 몇십 년 앞서와 버렸다. 미래 교육을 주장하는 측에서는 학교라는 물리적 공간의 제약을 받지 않으면서 언제 어디서나 수업이 이루어질 거라고 말한다. 또한 질 높은 교육 콘텐츠가 공공재로 많은 아이에게 쉽게 보급되고, 맞춤형 피드백으로 학생 개개인에 특화된 개별화 교육 프로그램이 제공된다고 한다. 당연히 시대의 흐름에 맞는 긍정적 변화이고, 받아들여야 하고, 따라가야 한다.

그런데 불편하다. 물론 이러한 변화가 충분한 준비와 동의 없이 코로나라는 불청객 때문에 들이닥쳤다 하더라도 어찌할 수 없는 상황이니 찬찬히 생각하면서 하나씩 해결하면 된다. 하지만 교육에 대한 불안감은 곧바로 마케팅으로 환산되어 쉴 새 없이 증폭되면서 AI 옷을 입은 상품을 쏟아내고 있다. 변화 속도는 또 다른 불안감을 만들어내고, 다시 마케팅으로 이어지는 거대한 순환이 이루어진다. 요동치는 교육 시장에서 아이들의 신성한 권리인 배움이 가벼운 실험 대상이 되어 버린 것은 아닐까? '누구도 겪어보지 않아서 그래. 아무도 가 본 적이 없잖아.' 그렇지만 지금 이 방법이 최선인지 판단의 순서도를 하나하나 따라가 봐야 한다. 콘텐츠라는 획일과 효율이 최선일까? 미래다움이 인간다움일까? AI에 경건하게 경배해야 할까?

담임이 아닌 교과 수업으로 2학년 수학 수업에 들어간 첫날.

나: 얘들아, 수학 공부 시작할까?

아이들: 아직 쉬는 시간 45초 남았어요.

나: 뭐? 45초? 그걸 어떻게 알아?

아이들: 저기 칠판에 시계 있어요.

칠판 구석에는 손바닥보다 조금 큰 디지털 타이머 숫자가 초 단위로 줄어들고 있었다. 시간을 정해 두고 치르는 면접고사처럼 타이머의 숫자는 내 마음을 오그라들게 했다. 내 기억 속 긴장 유발 타이머와 비슷하게 생겼다.

아이들: 십, 구, 팔, 칠, 육, 오, 사, 삼, 이, 일, 땡!

타이머는 갑자기 요란한 팡파르로 아이들 관심을 끌면서 본분을 다했다. 선생님은 아이들에게 자리에 앉으라는 말을 하지 않아도 되고, 수업 준비 지시를 할 필요도 없었다. 하루에도 몇 번씩 반복해야 하는 귀찮은 메카니즘을 효율적으로 타이머가 도맡아 주고 있었다. 그것도 모든 반에서 사이좋게 획일적으로.

아이들의 활동이 시작되면 타이머는 초 단위로 재깍재깍 줄어든다. 아이들은 계속 타이머를 힐금거린다. 시간이 얼마 남지 않았을 때는 친구를 재촉하기도 한다. 시간을 통제하는 타이머가 있을 때 아이들은 놀지 않고 열심히 활동할지도 모른다. 하지만 타이머 시간이 줄어드는 것을 보면서 아이들 심정은 어떨까? 초 단위로 시간이 줄어드는데 생각을 할 수 있을까? 타이머는 아이들에게 사유와 탐구가 아닌 작업을 시키고 있는 것을 시인하는 셈이다.

어떻게 활동을 시작해야 할지 몰라서 멍하니 시간을 보내기도 하고, 이야기가 진전되지 못해서 주춤거릴 수도 있다. 모두 침묵하거나, 친구가 도와주었지만 이해가 안 된다. 우리 모둠은 절반도 못 했는데 다른 모둠은 수월하게 마무리한다. 이럴 때 '이거 어떻게 해?'라고 물어보면 그만이다. 안심하고 활동할 때 몰입은 가능하다. 몰입은 본질에 접근하게 한다. 심장을 조이는 타이머 대신, 수업 구석구석 아이들의 숨통을 트이게 하는 여백을 주는 것은 어떨까? 어려워서 머뭇거리는 지점, 거기서부터 이야기를 시작하면 된다.

"아직 덜 했어도 괜찮아요. 함께 이야기해 볼까요? 무엇이 어려웠나요?"

"어려웠어요? 어느 부분에서 막혔어요? 그 부분부터 이야기해 볼까요?"

수업이 시작될 때 교사의 수고로움을 덜어주는 고마운 타이머는 초등학교 교실에서 꽤 인기 있는 아이템이다. 타이머의 줄어드는 숫자를 보면서 아이들은 놀이처럼 즐겁게 수업을 준비하고 있는데, 나는 마음이 불편하다. 만일 다음 학년 교실에 타이머가 없다면? 아니 내년까지 갈 필요도 없이 당장 내일 타이머가 고장 난다면? '애들아, 수업 시작하자'를 선생님은 몇 번이나 큰소리로 말해야 할까?

'애들아, 안녕? 잘 지냈어? 수학 공부 시작할까?' 교실에 들어서서 아이들에게 건네는 첫인사다. 이 대화가 수업의 시작이다. 배움의 장에서 대화를 빼면 무엇이 남을까? 대화의 희열을 타이머에게 뺏기지 않기를. 아이들을 더 이상 사물(事物)로 대하지 않기를….

아들: 엄마, 나는 초등학교 수업이 대부분 한 덩어리야.

나: 그게 무슨 말이야?

아들: 모든 선생님 수업이 특장점이 없어. 거의 똑같았어.

나: 정말? 수업이 구별이 안 돼?

아들: 구별 안 되지. 담임 선생님의 친절한 정도는 차이가 있었는데, 수업은 다 똑같았어.

나: 어떻게 똑같은데?

아들: 텔레비전 틀고 그 사이트 들어가서 설명 듣고, 선생님이 설명할 때도 있고, 교과서에 정답 쓰고, 손 들고 발표시키고…, 다 똑같지.

나: 친구들이랑 모둠활동 같은 것도 안 했어?

아들: 뭔가를 오리고, 붙이는 작업은 했어. 아, 참, 공개 수업에 발표할 역할극도 준비했어. 그렇지만 생각을 하면서 친구들과 의견을 나누는 그런 모둠활동은 해 본 적이 없어. 수업은 모두 같은 패턴이었어. 그 사이트 자료를 텔레비전 화면으로 보면서 교과서 빈칸에 베껴 쓰고, 정리하고 끝났어.

나: 그럼 수업 시간 중 언제 제일 재미있었어?

아들: 친구들이 수업과 관련 없는 농담할 때, 선생님이 웃긴 이야기해 줄 때가 제일 재미있었지.

나: 그럼 공부와 관련된 이야기는 재미있던 적이 없었어?

아들: 그건 당연한 거 아니야?

스무 살 아들이 하는 말에 정신이 번쩍 든다. 모든 수업이 한 덩어리였다니…. 그 옛날부터 수업을 한 덩어리로 만들어 준 콘텐츠들이 지금은 AI 수업 콘텐츠를 친절하게 준비하고 있다면…. 혹시 미래 교육 플랫폼을 물어물어 찾아가서 기다리는 열차에 어렵게 올라탔는데, 내 손에 들린 티켓이 과거로 가는 열차라면….

실시간, 쌍방향, 일제식 지식전달수업

2020년 3월, 개학이 계속 미뤄졌다. 조급한 마음에 온라인 학급 커뮤니티를 개설하고 아이들을 만났다. 서로 사진을 올리고, 인사를 나누었다. 매일 독서를 하고, 읽은 책을 공유하였다. 집에서 어떻게 지내는지 확인하고 혼자 고립된 친구가 없는지 살폈다. 아이들은 선생님이 올린 소소한 이야기도 읽고 댓글로 대화도 나누었다. 순번을 정해서 영상통화 하는 것도 나의 중요한 일과였다. 이렇게 하루하루 기다리면 언젠가 교실에서 얼굴을 마주 보며 수업할 수 있을 거라고 믿었다.

하지만 4월 16일, 첫 온라인 수업을 오픈해야 했다. 그동안 온라인에서 일상을 나눈 것과는 차원이 다르다. 아이들을 만나지 않고 수업을 해야 한다. '수업이 비대면이라니…' 동료 교사들과 부지런히 머리를 맞댄다. 과목을 나누어서 콘텐츠를 업로드하기로 의견을 모았다. EBS 영상, 교육청 콘텐츠, 유튜브 주소, 사설 콘텐츠 회사의 수업, 교사 커뮤니티 콘텐츠들이 봇물 터지듯 쏟아져 나왔다. 가장 좋은 것을 선택하려고 필사적인 정보 검색 대열에 뛰어들었다.

하지만 내가 내린 결론은 '우리 반 아이들 이야기로 우리 반 수업을 만들자'였다. 다른 선생님 얼굴과 목소리가 담긴 수업을 우리 반 수업이라고 내밀 수가 없었다. 내 수업은 내가 만들자. 하지만, 프레젠테이션의 기본만 겨우 알고 있는 나는 터덕터덕 고난의 여정에 들어섰다.

아이들의 목소리와 사진을 수업 자료로 사용했다. 수업 소재를 아이들에게서 찾고, 만들고, 올리고, 우리 반 커뮤니티에서 하나하나 피드백했다. 한 시간 수업을 위해서 내가 쏟아야 하는 시간은 족히 대여섯 시간이었다. 수면시간은 점점 줄어들고, 몸도 마음도 지칠 대로 지쳤다. 내가 콘텐츠 제작과 결과 피드백에 시간을 들인 만큼 아이들은 당연히 잘 배울 것이라고 믿었다.

1학기가 끝나갈 즈음, 정성을 다해서 만든 콘텐츠 수업을 넘겨보면서 감상하고 있었다. '내가 지금 밤잠 안 자고 무슨 짓을 하는 걸까? 내가 정말 열심히 가르치고 있었구나. 그렇다면 과연 아이들은 잘 배웠을까? 이 수업을 듣고 어떻게 배움이 생길 수가 있나? 내가 다 설명하고 있잖아…. 잠깐, 다시 처음부터 생각해 보자. 이건 아니다. 어떻게 해야 할까?'

내 수업에서 아이들의 배움이 생기는지 돌아볼 겨를이 없었다. 한 학기 내내 콘텐츠 제작의 긴 싸움에서 만신창이가 되고 있었다. 그리고 깨달았다. '아이들 얼굴을 보고 수업하자. 2학기에는 실시간 쌍방향 수업을 하자.' '줌(Zoom)'을 배우고, 아이들 컴퓨터 기자재 점검에 들어갔다. 24명 중 노트북이 있는 아이는 단 5명뿐이었다. '아, 이거 안 되겠구나….' 그런데 나는 이미 아이들 버전 '줌 설명서'를 준비하고 있었다.

선생님, 웹캠이 뭐예요? 선생님, 헤드셋이 있는데 소리가 안 들려요. 고장인가 봐요. 선생님, 이거 마이크가 고장 난 이어폰이에요. 선생님, 우리 집은 와이파이가 자꾸 끊겨요. 선생님, 언니가 e학습터 수업 들어야 한다고 해서 지금 컴퓨터 사용 못 해요….

2학기 시작 전 2주 동안 거의 '24시간 줌 콜센터'를 운영했다. 학교 복지예산, 학급운영비 예산을 싹싹 긁어서 웹캠과 헤드셋, 키보드를 샀다. 형제가 여러 명인 가정에는 학교 태블릿을 대여해 주었다. 드디어 2학기 첫 온라인 수업을 실시간 쌍방향 수업으로 오픈했다. 24명 아이들의 반가운 얼굴이, 목소리가 모두 거기 모여 있었다. 화면 안에 깨알같이 갇혀 있는 아이들이 얼마나 이쁘고 안쓰럽던지…. '이렇게 하면 되는구나.'

2학기가 시작되면서 많은 선생님이 서서히 실시간 쌍방향 수업으로 준비하셨다. 문제는 그다음이다. 실시간 수업을 위해서 어렵게 환경을 구축하고도, 정작 수업은 '실시간, 쌍방향, 일제식 지식전달'로 진행되고 있었다. 처음부터 끝까지 아이들은 음소거당하고, 필요할 때만 손들기 버튼을 누른다. 작은 모니터 안에서 자유롭게 말할 수 있는 사람은 오직 교사뿐이다. 선생님은 미리 준비한 다양한 학습자료를 화면에 공유하면서 설명 또 설명하고 있었다.

아이들끼리 대화할 수 있는 소회의실을 활용하면 좋을 텐데, 교사들은 소회의실 열어 주기를 두려워했다. 아이들만 있는 공간에서 어떤 대화가 오고 갈지 걱정된다고 했다. 교사가 없는 공간에서 수업과 상관없는, 해서는 안 되는 이야기가 오가면 어떡하나? 사적인 공간에서 친구 한 명을 따돌리면 어떡하나? 아이들이 공부 안 하고 잘하는 친구의 정답을 베끼고 소란스럽게 놀면 어떡하나? 선생님들은 일어날 수 있는 모든 걱정을 사전에 철저히 차단하고, 걱정 없는 효율적인 방법으로 획일적인 수업을 선택했다.

나는 아이들과 함께 '줌 수업의 어려움'에 대해서 대화했다.

> **나:** 애들아, 교실 수업에서도 수업 예절이 필요한 것처럼, 줌 수업에서도 우리가 서로 지켜야 할 것이 있을 것 같아. 서로 이야기해볼까?
>
> **아이1:** 수업 중에 핸드폰은 사용하지 않아요.
>
> **아이2:** 집안에서 소음이 큰 경우가 아니면 음소거 안 하고 자유롭게 말하면 좋겠어요.
>
> **아이3:** 비디오 중지도 안 하면 좋겠어요. 비디오 중지하면 딴짓을 해도 모르잖아요.
>
> **아이4:** 얼굴이 한가운데 잘 보이도록 화면 각도를 잘 맞춰요.
>
> **아이5:** 소회의실에 가면 학교에서 지킨 모둠활동 예절을 잘 지켜요.
>
> **아이6:** 소회의실 활동은 한 사람이 녹화해서 필요하면 나중에 같이 봐요.

아이들이 의논해서 만든 '줌 수업 예절'은 완벽했다. 나는 아이들이 협력적으로 잘 배울 수 있는 활동만 만들면 된다. 우리 아이들을 믿고 가 보자. 아이들은 마스크를 쓰지 않아도 되고, 친구 얼굴도 잘 볼 수 있는 줌 소회의실 모둠활동을 좋아했다. 녹화해서 보내 준 파일을 열어보면 놀라웠다. 아이들이 잘 배우고 있었다.

철서: 아, 잠깐 Q가 너무 어려워. 뭔가, 아, 삼각, 삼각, 아 아니야.

철린: 아, 원래 삼각형은 각만 읽어서 그런 거 아닐까?

철서: 모든 것에는 각이 있으니까 삼각형, 사각형이라고 읽는 게 아닐까?

철준: 변도 있잖아. 음, 육각형도 변이 있고… 다 있는데 왜?

철린: 삼각형이라는 말이 더 어울려서?

철은: 뭔가 이상해. 뭔가 삼각형이라고 하면 맞단 말이야.

철서: 삼변형하면 뭔가 좀 안 어울리지 않니?

철은: 뭐지? 아! 어려워!

철준: 어려워. 너무 어려워! 나 학원에서도 안 배웠어.

아이들이 모둠 소회의실에서 해결하지 못한 과제는 전체 메인 세션으로 모여서 공유하면서 배움을 이어 간다.

철찬: 삼각형이 형태가 있으니까, 어 삼각형이라고 부르는 것 같아. 변이 형태가 없으니까.

나: 철찬이가 말한 변이 형태가 없다는 말을 조금 누가 보충해 줄 수 있어요?

철영: 변을 그렸는데, 형태가 나오는데….

철승: 변이 3개만 있으면, 이것도 변이 3개 있는 건데, 이것은

삼각형을 만들 수 없고….

나: 철승이가 보여준 거 선생님이 크게 다시 보여줄게요. 이거
삼각형 맞아요?

아이들: (여기저기서) 아니오….

철우: 삼변형이라고 안 하는 이유는, 삼각형이 각이 3개니까
삼각형이라고 하는 건데, 그러면 변이 그냥 이렇게 3개가 이어
지면….

나: 잠깐, 모두 철우 봐 주세요. 중요한 것 같아요.

철우: 그럼 이렇게 삼변형이라고 해야 되니까, 삼각형이라고 하
는 것 같아요.

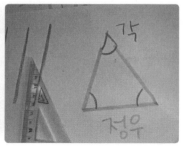

나: 철우 손 모양 봤어요?

아이들: (여기저기서) 네! 네!

나: (그림을 그려서 화면에 보여주면서) 철우가 지금 이렇게 표현했어요. (아하!)

철진: 아, 그래서 이것은 삼각형이 아니다!

나: 세 사람의 작품이에요. 철찬, 철승, 철우 고마워요, 친구들.

아이들: (여기저기서) 우와, 철우 레전드!

철영: 그런데요, 선생님, 각이 있어도 형태는 없잖아요. 봐 봐요. 이런 식으로 하면 형태가 없잖아요.

(다음 시간에 3학년 때 배운 각의 개념을 복습하면서 철영이 질문을 해결하였다.)

아이들은 실시간 쌍방향 가르침 수업이 아닌, 실시간 쌍방향 배움

수업 안에서 친구들과 하나하나 배움을 쌓아가고 있었다. 아이들의 말랑말랑한 유연함이 그저 신기하고 놀랍다.

〈2020년 10월 7일 일곡초등학교 4학년 3반 수학 수업〉
주제: '삼각형 이름은 왜 삼각형일까?' 중에서

비욘드 블렌디드

오랜만에 아이들이 등교했다. 아이들은 학교 오는 것 자체가 행복이다. 친구들과 좋알좋알 말이 많기도 많다. 이 소소한 행복이 언제 또 온라인으로 휘둘릴지 위태롭다. 어떤 교실 등교 수업은 하루 종일 시험이다. 온라인 수업에서 못한 평가를 등교 수업에 한다. 평가는 중요하다. 하지만 일주일에 한두 번 등교하는 황금 같은 시간을 평가로만 보내는 것이 아까웠다.

마스크를 쓰고 교실에서 거리두기를 유지한 채 진행되는 중학교 국어 수업을 보았다. 영상 속 아이들은 종이로 활동지를 받지 않고, 작은 핸드폰 창으로 어플에 들어가서 텍스트를 읽고 있었다. 교실 수업인데 선생님이 미리 업로드한 자료를 핸드폰으로 읽는다. '왜 저렇게 하지? 그냥 종이에 출력해서 나누어 주면 될 텐데…' 아이들은 글쓰기 활동을 하는데 종이에 쓴 글을 사진으로 찍어서 핸드폰 어플에 다시 올렸다. 그리고 친구들 글을 핸드폰 속에서 공유하면서 댓글을 달고 있었다. '아, 이런 수업을 '블렌디드 수업'이라고 생각하는구나.' '에

듀테크로 소통하는 미래 수업이라고 생각하는구나.'

　인터넷 검색창에 '블렌' 두 글자를 입력하면 맨 위에 '블렌디드 수업'이 나온다. 온·오프라인 융합 수업으로, 온라인과 오프라인 각각의 장점을 살린 수업이라고 한다. 어쩔 수 없이 온라인과 오프라인 수업이 병행되니까 각각의 장점을 살려야 하는데, 단점만 모으고 있다면 어떡하나? 온라인 수업을 대면 수업처럼 할 수 있는 방법을 고민해야 하는데, 대면 수업을 온라인 수업처럼 하고 있지는 않은지….

　　"내일은 온라인 수업이죠. 내일 수업 활동지 나누어 줄게요.
　　잘 챙기세요."

　　"어제 온라인 수업 친구들 소회의실 영상을 잠깐 볼게요. 다른
　　모둠 친구들은 이야기 들어 봅시다."

　　"오늘 줌 수업 어려운 친구들은 줌에 그대로 남아서 친구들과
　　선생님과 더 공부합시다."

　굳이 '블렌디드'라면 이 정도면 충분하지 않을까? 불안감은 마케팅의 원천이다. 뭔가 새로운 것처럼 보이는 그것을 따라잡아야 할 것 같은 초조함, 그것을 모르면 뒤처지고 무시당할 것 같은 불안감…. 불안을 조성하면서 시장은 팽창한다. 에듀테크의 시장도 마찬가지다. 이제 좀 넘어설 때가 되었다. 블렌디드 너머 비욘드 블렌디드로, 테크닉 너머 본질로.

본질은 무엇? 테크닉은 무엇?

언제부터인지 교실에 테크닉이 하나둘씩 들어오기 시작했다. 이름도 어렵다. 하긴 이름이 어려워야 그럴듯해 보인다. 하나의 테크닉은 그것을 배우려는 교사들 연수로, 책으로, 수업 교구로 만들어지고, 교실 한쪽 형형색색 환경 물품으로도 만들어진다. 수업 테크닉을 민첩하게 받아들이면 세상의 빠른 변화를 따라잡을 수 있는가? 따끈따끈한 신상 테크닉이 수업 안에 들어가 있어야 좋은 수업인가? 그런 수업에서 아이들이 잘 배우는가?

초등학교 3학년 수학 온라인 줌 수업 영상을 봤다. 원의 반지름과 지름을 배우고, 생활 속에서 원을 찾는다. 아이들은 각자 자기 집 안에서 원을 찾고, 원의 반지름과 지름을 설명하는 글을 온라인 게시판에 올리고 있었다. '저는 시계에서 원을 찾았습니다. 시계의 중심에서 끝까지가 반지름이고 끝에서 끝까지가 지름입니다.' '저는 500원짜리 동전에서 원을 찾았습니다. 반지름은 가운데 동그라미에서 끝까지입니다. 지름은 끝에서 끝까지입니다.'

줌 화면 안에서 아이들은 각자 컴퓨터 다른 프로그램으로 접속하여 위의 내용을 빼곡히 기록하고 있었다. 수업의 흐름이 잘 이해가 되지 않았다. 실시간으로 얼굴 보면서 말할 수 있는데, 또 다른 프로그램으로 들어가서 기록을 남긴다. 혹시 새로운 프로그램을 많이 사용하는 화려한 수업이 좋은 수업이라고 생각했을까?

에듀테크라는 미래 교육 옷을 입고 있는 수많은 테크닉은 자신이 속한 교육이라는 본질의 지붕이 주는 사명에 충실히 복무하고 있는지 꼭 따져 볼 일이다. 온라인 수업의 필요조건, 미니멀 테크닉! 꼭 필요한 가벼운 테크닉만 남기고 덜어낼 수 있을 때까지 다 덜어내자. 테크닉은 가볍고 간단할 때 본질을 가리지 않는다. 지금도 교실을 파고드는 수많은 테크닉에게 한마디 하고 싶다.

'선생님들이 고요히 교육과 수업의 본질에 대해 생각할 수 있도록, 조용히 좀 해 줄래?'

그렇다면 교육의 본질은 무엇인가? 아이바 로바스(Ivar Lovaas)는 "우리가 가르치는 방식대로 아이들이 배울 수 없다면, 아이들이 배우는 방식대로 우리가 가르치면 된다"고 말한다. 교육의 본질은 교사가 가르치는 방법에 있는 것이 아니라, 아이들이 배우는 방법에 있다.

우리 학교 영어 전담 선생님 수업을 참관했다. 수업 주제는 '날짜를 나타내는 문장 쓰기'였다. 영어는 아이들마다 수준 차이가 크다. 잘하는 아이는 원어민 수준으로 하지만, 못하는 아이는 단어 하나 쓰는 것도 힘들어한다.

> **교사:** 오늘 배운 날짜 쓰는 표현을 이용해서 자신이 원하는 초대장을 만들어 보세요.

아이1: 날짜를 어떻게 영어로 쓰는데? 어렵다. 가르쳐 주라.

아이2: 4월 어떻게 써?

아이3: 오늘이 4월 19일이면 19일을 그냥 영어로 nineteen 이렇게 쓰면 돼? 맞아?

아이4: 배드민턴 어떻게 써? 스펠링 뭐야?

아이5: 스테이지가 뭐지?

아이6: (야구) 타자가 뭐지?

아이7: 운동장이 뭐야?

아이8: 플레이 그라운드.

아이7: 플레이 그라운드? 그거 어떻게 쓰는데?

아이8: play ground. 플레이 그거 플레이스토어 할 때 플레이, 그라운드 '땅'. 배틀 그라운드 할 때 그라운드.

아이7: 아하! 플레이 그라운드가 운동장이야? 거 신기하네.

아이9: '같이 춤추다'를 뭐라고 해?

아이10: 댄스 투게더.

아이9: '투게더' 어떻게 써?

아이10: together 투게더.

아이9: 그건 아이스크림 이름 아닌가?

〈2021년 4월 19일 문흥중앙초등학교 6학년 2반 영어수업(박혜원 선생님)〉
주제: '날짜를 나태내는 문장쓰기' 중에서

아이들 이야기를 가까이서 들었다. 교사가 테크닉을 빼니, 아이들 끼리 본질에 다가간다. 아이들이 배우는 방식은 간단했다. 모르는 것을 모른다고 물어보는 것, 질문이었다. 잘 배우는 아이들이다.

교육의 본질은 가볍고 소박하다. 활동을 사이에 두고 친구와 대화한다. 친구 말을 경청하고, 자기 생각을 표현한다. 들을 수 있는 귀를 열기 위해서는 내용이 들을 만해야 한다. 들어 보니 재미있어야 한다. 듣다 보니 '아하!' 고개가 끄덕여져야 한다. 생각하면서 들으니 궁금한 것이 생긴다. 듣기는 대화이고, 대화는 질문이며, 질문은 표현이다. 표현은 '성찰'과 맞닿아 있다. 듣고, 생각하고, 묻고, 표현하고, 자신을 만나는 성찰로 이어지는 길…. 아이들이 배우는 방법이 교육의 본질이다.

AI, 너는 나보다 한 수 아래

2학년 수학, 여러 가지 도형 수업이다. 2학년들은 질문도 많고, 짝활동도 잘한다.

> **나:** 쪽지를 잘 읽고, 맞는 쪽지를 도형 안에 올려 놓으세요. 짝과 대화하면서 해 보세요.
> **철민:** 이 길쭉한 것(타원)도 원이지?
> **철음:** 아니야. 이렇게 동그란 것만 원이야.

철민: 아니지. 이 길쭉한 삼각형도 삼각형이잖아. 그러니까 이 길쭉한 것도 원이지.

철음: 그런가? 모르겠다. 선생님, 이거 모르겠어요. 헷갈려요.

나: 다른 친구들은 어떻게 했는지 앞뒤 친구들 것 살펴보세요.

철원: 근데요, 선생님, 왜 이각형, 일각형은 없어요?

나: 오, 철원아, 멋진 질문을 해 주어서 고마워요. 왜 이각형, 일각형은 없을까요?

철영: 이각형은 꼭짓점이 두 개, 변도 두 개여야 하는데….

철주: 맞아. 이각형은 꼭짓점을 두 개 그리면 변은 한 개 밖에 없어. 그러니까 이각형은 말이 안 돼.

철솜: 아닌데, 변 두 개 그릴 수 있는데….

나: 철솜아, 칠판에 그려 줄래요?

철솜이는 두 점을 그리고 직선을 선분처럼 연결하고, 그 위에 곡선을 그렸다.

철솜: 이렇게 꼭짓점이 두 개, 변도 두 개니까, 이각형이 만들어져요.

철원: 아닌데, 뭐가 좀 이상한데….

철주: 저기 위에 있는 변은 변이 아닌 것 같아. 변은 반듯해야 해.

철수: 아, 맞다. 삼각형, 사각형 모두 변은 곧은 선이네. 이각형 아니네.

나: 철솜아, 친구들 말 어때요? 이해되었어요?

철솜: 아하! 그런 것 같아요.

철미: 근데요, 선생님. 원은 곧은 선 없어도 변이 되는 거잖아요. 그런데 왜 삼각형부터는 곧은 선만 변이에요?

나: 철미가 멋진 질문을 해 주었어요. 철미 고마워요. 철미 질문 어떻게 생각해요?

아이들: 음….

철중: 원은 변이 없어요. 원은 그러니까 영각형이에요. 변이 한 개도 없으니까 영각형.

철원: 아, 그러네, 변이 없는 것이 원이네. 변도 없고, 꼭짓점도 없으니까 영각형 맞네.

나: 그럼 철중이와 철원이 의견처럼 원에 영각형이라는 별명을 붙여줄까요? 어때요? 원은 영각형? 괜찮아요?

아이들: 음….

철윤: 아니요, 안 될 것 같아요. 별로예요. 영각형은 좀 아닌 것 같아요.

철선: 나도 그래요. 삼각형, 사각형 모두 곧은 선이 있고, 꼭짓점도 개수가 딱 맞게 있는데, 원은 꼭짓점도 없고 곧은 선도 없으니까….

철윤: 그 뭔가 '각형'을 붙여서 이름을 만들면 안 될 것 같아요.

나: 어때요? 철윤이 생각 괜찮아요?

아이들: 네, 그냥 '원'이라고만 해요.

〈2021년 4월 15일 문흥중앙초등학교 2학년 2반 수학 수업〉 중에서
주제: '여러가지 도형의 특징을 찾아볼까요?' 중에서

초등학교 2학년 아이들의 4월 수학 수업 대화이다. '여러 가지 도형' 단원에서 원, 삼각형, 사각형, 오각형, 육각형까지 배우고 특징을 찾는다. 아직 각을 배우지 않아서 꼭짓점과 변의 개수로만 도형의 이름을 정한다. 아이들 이야기가 소중해서 수업이 끝나자마자 바로 수업 성찰일지에 기록했다. 총명한 아이들은 서로 대화하면서 배움의 깊이를 더해가고 있었다.

"이런 것이 배움중심수업이야. 어때? AI, 너는 확실히 나보다 한 수 아래지?"

3부

길 위에서
만나다

아이들이 머리를 맞대고 말한다.
시냇물 소리로 재잘거린다.
나는 포플러 나무처럼
그들을 굽어본다.
강물로 깊어지고
바다로 넓어지는 그들
구름과 바람을 동무 삼아
먼 길을 떠난다.

07
불편하면
안 되지

왜 이제야 알았을까?

나에게는 지금도 선명하게 남아 있는 수업 공개와 협의회의 상흔이 있다. 새내기 교사로 근무한 첫 학교에서 의무 수업 공개를 했다. 잔뜩 긴장한 신규교사 공개 수업은 어떻게 끝났는지 기억도 나지 않는다. 하지만 수업 후 열린 협의회는 내 인생 전체에서 가장 굴욕의 시간이었다.

협의회에서 하늘 같은 교장 선생님, 교감 선생님, 그리고 까칠한 눈빛의 쟁쟁한 부장 교사들, 선배 교사들의 독설은 지금도 생생하다. 팔딱거리는 횟감 물고기가 도마 위에서 번쩍이는 주인의 칼날을 바라보는 심정, 바로 그거였다. 얼마나 오랫동안 버텼는지 기억도 나지 않는다. 가까스로 목숨을 부지하고 살아 내려와서 비틀거리며 아이들이 와자지껄 떠드는 교실로 돌아갔다. 지금 생각해 보니 방과 후도 아니고 아이들이 교실에서 기다리는 수업 시간에 무지막지한 협의회가 열렸다. 정신이 반쯤 나간 창백한 선생님 얼굴을 보고 아이들은 순식간에 조용해졌다. 그 시간, 그 공간의 느낌을 똑똑히 기억한다. 아이들 앞에 서서 입이 떨어지지 않았다. '내가 교사이기는 한가? 이 길이 내 길일까.' 내 귀에는 조금 전 협의회에서 들은 무서운 말들이 윙윙거렸다. 날마다 다짐을 했다. '오늘은 꼭 육아 휴직계를 내고 오리라.' 하루하루 허깨비처럼 시계추가 되어 출근하고 퇴근했다. 협의회의 아픈 기억이 흐릿해지기까지 아이들을 몇 차례 보내고 맞이하기를 반복했다. 사실은 지금도 저 깊은 곳에는 아직 선명히 남아 있다. 경력이 있는 교사라면 누구나 이런 기억 하나쯤은 가지고 있지 않을까?

그날 이후, 수업 공개는 마음의 무거운 돌덩이가 되었다. 수업을 다른 사람에게 공개한다는 것은 교사로서 나의 총체적인 자질과 능력을 심판받는 전무후무한 단 한 번의 무대였다. 각본을 최대한 촘촘하게 짜고, 대사 외우기를 수없이 반복한다. 아이들과 며칠을 이 이상한 연극 연습을 하면서 이렇게까지 해야 하나 싶었지만, 다시는 그 도마 위에 올라가고 싶지 않았다.

"선생님이 이 질문을 할 때는 이런 의도니까 이런 답변을 하면 된단다."

"이 활동에서는 이 점이 중요하니까 이렇게 한번 연습해 볼까?"

아이들 세부 발언까지 일일이 체크하면서 몇 시간을 리허설한다. 공개 수업에서 나는 각본대로 연출했고, 아이들은 연습한 대로 충실히 반응했다. 그렇게 완벽한 연습을 하고 진행하는 수업연극이 왜 떨릴까? 잘 보이고 싶은 욕심 때문이다. 전문가로 보여서 나를 무시하지 않도록 단단한 기지를 구축하고 싶었다. 하지만 그 영역에서 두려움을 갖는 존재가 전문가가 될 수 있을까? 나의 수업 공개는 안 할 수만 있다면 안 하고 싶은 불편한 연례 행사였다.

2016년 여름, 우연히 '배움의 공동체 전국 세미나'에 참가했다. 나처럼 혼자 온 사람은 거의 없었고, 대부분 연구회 단위로 참가하는 것 같았다. 그날, 내가 본 것들은 감당할 수 없는 충격이었다. 인천대학교 대강당은 2층까지 한 자리도 비어 있지 않았다. 통로에 접이식 의자를 놓고 앉아 있는 선생님들, 심지어는 통로 계단 사이사이 바닥에 불편한 자세로 쪼그려 앉아서 강연을 듣는 선생님들도 있었다. 전국에서 모인 천 명 남짓 선생님들이 사토 마나부 교수 강연을 손우정 교수의 동시통역으로 듣고 있었다. 나는 두 분의 강연이 들리지 않았다. 지금 눈앞에 보이는 장면이 그저 놀라울 따름이었다.

강연과 사례 발표가 끝나고, 스무 개 정도의 분과 중 원하는 수업을 보러 자리를 이동했다. 내가 선택한 수업은 6학년 역사 수업이었다. 강의실에는 삼사십 명의 선생님들이 모여 있었다. 젊은 남자 선생님 한 분이 '사천 서포초 김형원'이라고 자신을 소개했다. 사십 분 수업 영상을 보면서 나는 또 한번 충격을 받았다. 수업이 시작되고 선생님은 바로 활동지를 나눠 주고, 친구들과 대화하면서 해결해 보라고 한다. 아이들은 활동지에 있는 텍스트를 같이 읽으면서 대화한다. 모르는 단어를 서로 묻고, 문제를 함께 해결한다. 선생님은 도움을 요청하는 모둠이나, 어려움을 겪는 아이들을 자상하게 돌본다. 충분히 모둠 대화를 하고 전체 공유를 한다. 자연스러운 이 모든 과정이 신기했다.

수업에서 놀라고, 협의회에서 또 한번 놀랐다. 선생님들이 수업에서 포커스를 맞추고 본 것은 아이들이었다. 교사가 어떻게 가르치는지가 아니라, 아이들이 어떻게 배우고 있는지를 이야기했다. 아이들이 주인공이었다. 수업자에 대한 이야기도 아이들 발언을 어떻게 연결 짓는지, 어려움을 겪는 아이를 어떻게 돌보는지 등 아이들 이야기였다. '날것 그대로의 수업'을 보고 수업 장면에서 배운 점을 나누는 협의회였다. 그동안 내 수업과는 차원이 다른 수업이었다. 말 그대로 '패러다임의 변화'였다. '저 선생님은 어떻게 저런 수업을 할 수 있지? 세상에 이런 수업도 있구나.' '여기 모인 선생님들은 수업을 보고 어떻게 이런 눈빛으로 이런 이야기를 나눌 수 있지? 오늘 처음 만난 사람들인데….'

분과 수업 나눔이 끝나고, 다시 대강당으로 모였다. 대형 스크린으로 대표 수업을 보고, 수업에서 배운 점을 나누었다. 오후 늦게 세미나가 끝나고, 사람들이 모두 돌아가고 나는 한참 동안 자리를 뜰 수가 없었다. 하루 동안 내가 본 모든 것들이 믿기지 않았다. 잠시 다른 차원의 세계에 떠밀려 온 것 같았다. 이 사람들은 언제부터 이렇게 배우고 있었을까? 나는 왜 몰랐을까?

이 공동체는 어떻게 이런 시스템을 갖출 수 있었을까?

첫째, 수업을 여는 목적을 정확히 공유해야 한다. 수업을 공개하는 것은 잘한 수업을 자랑하기 위함도 아니고, 못한 수업에 지도 조언받기 위해서도 아니다. 수업 장면으로부터 어려운 점, 즐거운 점, 아쉬운 점 등을 이야기 나누면서 같이 배운다.

둘째, 수업을 열어야 '수업 이야기'를 할 수 있다. 수업을 열지 않으면, 기껏해야 '수업 주변 이야기'밖에 할 수 없다. 수업과 관련된 세미나와 워크숍, 연수들을 자세히 들여다보면 수업은 없고, 수업 언저리 이야기가 대부분이다. 수업 연구는 철저히 사례연구여야 한다.

셋째, 수업과 교사를 분리해서 보아야 한다. 잘된 수업도 그날 아이들이 잘 배운 수업이고, 아쉬운 수업도 그날 아이들이 주춤거린 것뿐이다. 수업이 매끄럽게 잘되면 실력 있는 교사이고, 수업이 터덕거렸다면 형편없는 교사일까? 아니다. 평가하기 위해서가 아니라 배우려고 모인 것이다.

넷째, 수업 협의회의 성격을 정확히 합의해야 한다. 수업 후 협의회는 어려움과 심오함과 즐거움을 나누는 시공간이어야 한다. 동시에 따뜻한 공간이어야 한다. 훌륭한 이론과 솔직한 의견이 교류되면서 웃음과 유머가 오고 가지 못한다면 제아무리 수준 높은 토론이 이루어진들 얼마나 허망한가. 수업자도 참관자도 모두 마음의 짐을 내려놓고 편하게 배울 수 있는 장이 되어야 한다. 화합과 단합을 핑계로 '잘했다', '수고했다'로 일관하는 것도 전문가집단이 할 일은 아니다. 선배 교사는 가르치고, 후배 교사는 배운다는 보스 문화 역시 건강하지 않다.

마지막으로, 함께 배우려는 마음이 필요하다. 몇몇이 누리던 것을 다수가 함께 누리도록 시스템을 만드는 것이 공공성이다. 공교육의 교사는 한 명의 아이도 배움으로부터 소외되지 않는 교실, 한 명의 교사도 배움으로부터 소외되지 않는 학교를 만들어야 한다. 좋은 것을 타인에게 주려고 하는 마음, 그 마음들이 모이면 '배움의공동체'가 된다. '배움의공동체'에서는 수업 근육을 튼튼하게 키워주면서 덤으로 '수업회복 탄력성'을 선물로 준다. 수업, 하다 보면 잘되겠지. 하다 보면 행복해지겠지.

'나도 저런 수업을 하고 싶다. 나도 저렇게 수업을 잘하고 싶다.'

좋은 수업을 보고 다니면서 그 수업자들이 부러웠다. 어느 날, 수업을 잘하고 싶은 욕심이 가득한 자신에게 물었다. '수업 잘해서 뭐 하려고? 그러게…. 왜 수업을 잘하고 싶은지 생각해 봐.' 한참 후 나는 내게 답을 주었다. '수업에서 행복해지고 싶어.'

이상한 친구들

'배공, 수업 친구'

2019년 2월, 6학년 아이들을 졸업시키고 뭐라 말로 표현할 수 없을 만큼 허전한 날….

'그래, 한 해 참 열심히 살았다. 이보다 더 수업에서 행복할 수는 없다. 내 인생 전체 중 가장 뜨겁게 살았다. 모든 것을 쏟아 내고, 마음 한 구석 작은 불씨 하나 남기지 않고 다 태워 버렸다. 딱 일 년만 쉬자.' 휴직 신청을 하려고 학교에 가는 길, 전화벨이 울렸다. 휴대전화에 뜬 이름은 '배공 김형원샘' 나는 들뜬 목소리로,

"네, 선생님, 잘 지내시지요? 무슨 일이세요?"

밴드를 만들어서 수업을 나누자고 제안하셨다. 나는 망설임 없이 바로 두근거리는 가슴을 진정하며 대답했다.

"네, 저는 무조건 좋아요. 선생님이랑 수업 친구가 될 수 있다니…."

'배공, 수업 친구'가 그날 그렇게 내게로 왔다. 한없이 신기한 날. 밴드에는 울산 강정렬 선생님, 이혜경 선생님, 경남 김대용 선생님, 전남 장재완 선생님, 강원 신은균 선생님까지 7명의 친구들이 있었다. 처음에는 '수업 친구'라는 말이 어색했다. '수업을 잘하고 싶은 욕심에 만든 모임인데, 수업이라는 무거운 주제로 친구가 될 수 있겠나? 친구라면 적어도 마음이 편한 것이 제일인데….' 수업 디자인을 의논하고, 수업 영상을 공유하고, 수업에서 배운 점을 나누었을 뿐인데, 어느새 이 친

구들은 수업 너머에 있는 무언가를 서로에게 주고 있었다. 자주 만날 수도 없고 멀리서 수업 이야기를 나눌 뿐인데, 우리는 진짜 '친구'가 되었다.

수업은 언제나 막막하고 자신이 없다. 수업의 어려움을 두서없이 글로 올리면 친구들의 쏟아지는 답글은 오아시스다. 수업 영상을 보고 다른 친구들의 배운 점을 읽으면서 다시 배운다. 한 시간 수업 디자인에 친구들의 고민이 함께 묻어 있다. '오늘 친구 수업은 어땠을까? 마지막까지 고민하던 부분을 아이들은 어떻게 했을까?' 서로의 수업에 대해 애틋한 안부를 묻는다. 친구 수업은 내 수업이고, 친구 반 아이들이 우리 반 아이들처럼 사랑스럽다. 수업 친구들은 함께 걷는 기쁨을 준다. '잘하고 있는 것일까?' 흔들릴 때 짧은 댓글 한 귀퉁이에서 위로가 전해진다. 신기하다.

2019년 전국 세미나에서 친구들이 한자리에 모였다. 온라인에서 주고받은 수업 이야기를 서로 눈빛을 마주하면서 새벽까지 시간 가는 줄 모르고 나누었다. 언젠가 파리의 미술관에서 작품 앞에서 관람객 몇 명이 모여서 한참 동안 작품 이야기를 나누는 것을 봤다. 한눈에 봐도 예술가들 같았다. 작품에 대해 잘 모르는 나는 하나의 작품을 두고 그토록 오랫동안 대화하는 그들을 부러워하면서 그들의 예술 담론을 지켜보았다. 친구들과 새벽까지 서로의 수업 영상에서 배운 이야기를 나누면서 파리 미술관에서 본 예술가 친구들의 모습이 겹쳐졌다. '아, 수업이 예술이라는 말이 맞구나….' '배공, 수업 친구'는 내 수업을 한 편의 예술로 만들어주는 든든한 배경이다.

(*'배공'은 '배움의공동체연구회'를 줄여서 부르는 말이다.)

전남 이서중 선생님

2018년 12월 방학을 며칠 앞둔 어느 날, 교실로 한 통의 전화가 걸려 왔다.

> **이서중:** 선생님, 안녕하세요. 저는 신안 안좌초등학교 이서중이라고 합니다. 저, 어려운 부탁인데요. 선생님 수업을 우리 학교 선생님들과 같이 나누고 싶습니다. 지난 10월 '배움의공동체 광주·전남 수업세미나'에서 선생님 6학년 역사 수업을 보았는데 충격 그 자체였습니다. 저는 그 수업을 꼭 우리 학교 선생님들께 보여드리고 싶습니다.

두 해 전 내가 한 부탁이 생각났다.

> "김형원 선생님, 저는 선생님 수업을 우리 학교 선생님들에게 꼭 보여드리고 싶어요. 우리 학교에 한번 와 주세요."

전남 신안의 작은 섬마을, 얼굴도 모르는 선생님이 전화로 같은 부탁을 한다.

> **나:** 네, 갈게요.

이서중: 정말이죠? 내년 2019년 2월에 오실 수 있겠어요?
선생님, 우리 학교는 배를 타야 해요. (천사대교가 개통되기 전이다.)

나: 네, 배 타지요 뭐.

약속이 바뀌어서 안좌초 선생님들이 광주 나들이를 오셨다. 우리 학교에서 내 수업을 함께 보고, 수업 대화를 나누었다. 천사대교가 개통된 후 안좌초에 수업과 연수를 들고 몇 번 더 오고 가면서 수업 친구 인연을 맺었다. 수업이 힘들 때 이서중 선생님과 나누는 짧은 대화는 늘 힘이 된다.

전남 함평 손불서초등학교 박애경 선생님

올해 초, 함평 손불서초등학교 박애경 선생님에게서 전화가 왔다.

박애경: 선생님, 안녕하세요? 저는 함평 손불서초등학교 박애경이라고 합니다. 우리 학교가 혁신학교인데요, 선생님들이 올해는 수업에 전념해 보자고 하셨어요. 그래서 선생님을 모시고, 연수도 듣고, 수업도 보고, 우리 학교 선생님들 수업 여는 것도 도와주셨으면 해요.

나: 네, 갈게요. 연수 잘 준비해서 가겠습니다.

벚꽃이 흐드러지게 핀 굽이굽이 좁은 길을 따라서 처음 가 보는 작은 마을 손불면에 들어섰다. 동네 한가운데 옹기종기 모여 있는 집들 사이에 작고 아담한 학교가 보인다. 정문을 들어서니 모래 언덕에서 놀고 있는 아이들이 정답게 인사한다.

> **아이들:** 선생님, 안녕하세요? 어서 오세요.
>
> **나:** 내가 선생님인지 어떻게 알았어? 나 알아?
>
> **아이들:** 딱 봐도 선생님이에요. (키득키득) 저기 저쪽에 주차하시면 돼요.
>
> **나:** '어쩜 저렇게 이쁠까.'

선생님들은 바쁜 일정을 쪼개서 같이 배우자고 얼굴도 모르는 나를 초대해 주셨고, 그 선생님들에게 배우는 아이들은 멀리서 온 낯선 나를 살뜰히 맞아 준다. 긴장이 확 풀린다. 손불서초는 그렇게 내게 와락 들어와 버렸다.

벚꽃 아래 해먹, 훈화보다 공연이 어울리는 무대 같은 구령대, 운동장 한쪽 인라인 스케이트장, 천막 속에 보물처럼 숨겨져 있는 대형 트램펄린, 복도에 길게 늘어선 아이들 전기 자동차 그리고 무엇보다

소박한 교장실이 눈길을 끌었다. '아, 나도 이런 학교에서 근무하고 싶다. 나도 이 학교 학생이면 좋겠다.'

예쁜 계단을 올라가니, 더 예쁜 교실이 있다. 아이들이 온종일 머물고 싶겠다. 학급 아이들 숫자가 적다고 모두 이런 교실을 갖추는 것은 아니다. 교실마다 다른 분위기의 테마 공원 같다. 나는 손불서초의 매력에 푹 빠지고 말았다. 올해 연수와 수업 나눔, 그리고 선생님들 공개 수업까지 일곱 번 갔다. 갈 때마다 내 마음은 한결같다. 친한 친구를 만나러 가는 길, 혼자만의 여행을 떠나는 길이다. 그곳에 가면 나를 온전히 만나고 온다.

나는 수업 친구가 참 많다. 수업이 아름다워서 가슴이 두근거릴 때, 수업이 잘 안 되고 힘들 때, 수업을 잘하고 싶은데 디자인이 잘 안 될 때, 그리고 밤늦은 퇴근길 가끔 지치고 힘들 때…, 가만히 수업 친구들을 떠올리는 것만으로도 마음이 따뜻하다. 같은 뜻을 품고, 같은 곳을 바라보는 든든한 동지. 새삼 고맙다.

꼭 수업이어야 하나요?

혁신학교 수업 컨설팅을 갔다. 컨설팅 주제는 '수업 나눔 활성화 방안'이다. 시작하자마자 몇 분 선생님께서 조금 불편한 기색으로 질문하신다.

교사1: 꼭 수업을 나누어야만 '수업 나눔'인가요?

교사2: 서로 부담이 되는 수업을 굳이 꼭 나눌 필요가 있나요? 학습지를 공유하면서 수업 이야기를 나누는 것도 수업 나눔의 한 방법 아닌가요?

나: 오늘 주제가 '수업 나눔 활성화 방안'이라고 들었습니다. 첫 질문이 조금 뜻밖이네요. 학습지를 공유하는 것은 부담이 되

지 않는데, 왜 수업을 나누는 것에는 부담을 느끼십니까?

교사3: 학습지는 열심히 고민해서 만들면 잘 만들 수 있지만, 수업은 어디로 튈지 모르기 때문에 열심히 노력하고 준비한다고 해서 잘되는 것이 아닙니다.

나: 그럼 그것은 '수업 나눔'이 아니라 '학습지 나눔' 아닐까요?

교사4: 그렇다면 망하지 않고, 잘된 수업으로 수업을 공개할 수 있는 비법은 무엇입니까? 수업을 준비한 만큼 훌륭한 수업이 된다는 보장만 있으면 얼마든지 수업을 공개하고 나눌 수 있습니다.

나: '망한 수업'과 '훌륭한 수업, 잘된 수업'은 어떤 차이가 있습니까?

교사5: 그야, 명확하죠. 훌륭한 수업은 교사의 예상대로 아이들이 발표도 잘하고, 잘 듣고, 활동도 열심히 해서 그 시간 학습 목표에 잘 도달하는 수업이죠. 중간에 큰 변수가 생기지 않고, 무난하게 계획대로 잘 진행된 수업이죠.

교사6: 망한 수업은 뻔하죠. 아이들이 발표도 안 하고, 경청도 안 하고, 교사가 질문해도 반응이 없고, 수업이 탁탁 막히죠. 그래서 그 시간에 준비한 것을 다 완성하지 못하고 많은 학생이 학습 목표에 도달도 하지 못한 수업이죠. 중간에 예상치 못한 질문이나 발표가 나와서 당황하게 하는 수업이죠.

나: '훌륭한 수업'과 '망한 수업'을 그렇게 정의하셨고, 공개 수

업이 '망한 수업'이 될까 봐 공개하기 어려운 것이네요.

교사7: 당연합니다. 훌륭한 수업을 하는 교사는 능력 있는 교사이고, 망한 수업의 교사는 능력이 부족한 교사로 공개적으로 평가받는 것이니까요. 굳이 그런 모험을 강행할 필요가 없죠.

나: 방금 말씀하신 그 연결 짓는 선을 끊어 버릴 수는 없을까요?

교사8: 그건 너무 이상적입니다. 누구나 좋은 수업을 보면 그 교사를 수업 잘하는 훌륭한 교사라고 부러워하고, 부족한 수업은 속으로 교사 능력을 비하합니다. 어쩔 수 없습니다.

나: 누구나요? 저는 그렇지 않은데요.

교사9: 그건 가식이지 않을까요?

나: '망한 수업'의 개념을 다시 잡으면 결코 가식이 아닙니다. 단지 그날 그 수업이 어려웠을 뿐입니다. 그 상황에서 아이들과 교사가 어떤 문제로 인해 같이 힘들었는지 수업의 사실로부터 배우면 됩니다. '망한 수업, 실패한 수업'이라는 용어 대신에 '힘든 수업, 아쉬움이 많은 수업'이 정도로 말을 바꾸어 보면 어떨까요?

교사10: 정확히 따져 보면 말만 바꾸었지, 그 말이 그 말입니다. (모두 웃음)

컨설팅의 분위기는 점점 본질에 한 걸음씩 가까이 가고 있었다.

나: '수업 나눔'의 목적이 무엇일까요? 왜 수업을 열고 나누어야 할까요? 그렇게 부담스러운데요.

교사11: 수업에서 뭔가를 배우고자 하는 것 아닐까요?

나: 네, 적확합니다. 수업을 통해서 수업을 배우자는 것입니다. 그렇다면 '잘된 수업, 훌륭한 수업'과 '힘든 수업, 아쉬운 수업' 중 어느 쪽이 배울 것이 많을까요?

교사12: 그야 물론 '잘된 수업'에서 배울 점이 많죠. 나도 저렇게 해 봐야지 생각하면서 뭐 하나라도 배우지 않겠어요? 하지만 뭐, '망한 수업' 아니 '힘든 수업'에서도 왜 힘들었는지 이야기 나누다 보면 배울 점이 있을 것 같긴 합니다.

나: 그렇습니다. 모든 수업은 배울 점이 있습니다. 어떤 상황이 그 순간에 수업을 힘들게 했는지, 내 수업에서도 저렇게 힘든 부분이 있었는지 서로 대화하면 됩니다.

교사13: 다 이해합니다. 수업자가 다른 사람이면 그럴 수 있습니다. 그렇지만 망한 수업 아니 힘든 수업의 주인공이 나라면 그건 좀 상황이 다릅니다. 굳이 내 수업의 힘든 부분을 들춰 내고 싶지 않습니다. 나라면….

나: 그럴 수 있습니다. 그래서 이제는 수업과 교사를 분리해서 보아야 합니다. 훌륭한 수업의 수업자는 능력 있는 훌륭한 교사이고, 힘든 수업의 수업자는 능력이 부족한 교사라는 연결 짓기를 과감히 끊어 냅시다.

교사14: 어떻게요? 그것은 거의 불가능하죠. 수업 잘하는 교사가 당연히 능력 있는 훌륭한 교사 아닌가요? 인정할 것은 인정해야죠.

나: '훌륭한 수업'에 대한 정의부터 다시 되짚어 봅시다. 교사가 잘 가르치는 수업인지, 아이들이 잘 배우는 수업인지. 다른 말로 하면, '훌륭한 교사'는 잘 가르치는 교사인지, 아이들이 잘 배우도록 하는 교사인지.

교사15: 교사가 잘 가르쳐야 학생이 잘 배우지 않습니까?

나: 여기 계신 많은 선생님, 그리고 교육에 몸담고 계시는 선생님 중에서 잘 못 가르치는 분이 계실까요? 우리 교사들은 정말 잘 가르치고 있습니다. 그렇지만 아이들이 잘 배우고 있는지는 다시 생각해 볼 문제입니다. 잘 가르치면 잘 배울까요?

교사16: 그럼 무엇을 어떻게 해야 한다는 것인가요?

나: 아이들이 어떻게 배우는가, 배움의 방식을 우리가 모여서 공부하자는 것입니다. 우리가 가르치는 대로 아이들이 배우지 않는다면, 아이들이 배우는 방식을 연구해서 그 방식으로 수업을 해 보자는 것입니다.

교사17: 아이들이 배우는 방식을 어떻게 공부할 수 있나요?

나: 수업이 필요합니다. 아주 쉽고 명확한 명제입니다. 수업을 나누려면 수업이 있어야 합니다. 수업을 열어야 합니다.

교사18: 어떤 교사의 수업이 수업 나눔 하기에 좋은가요?

나: 모든 수업이 다 좋습니다. 아이들이 잘 배우는 수업은 어떻게 배우는지 관찰하면 되고, 아이들이 주춤거리는 수업은 왜 힘들어하는지 관찰하면 됩니다. '힘든 수업'은 아이들이 어떤 지점에서 왜 배움에서 멀어졌는지 거기서부터 대화를 시작하면 됩니다.

교사19: 그래도 동료들에게 훌륭한 교사로 보이고 싶은 것은 자연스러운 욕구입니다. 선뜻 수업을 열기가 어렵습니다.

나: 당연합니다. 훌륭함의 기준을 아주 조금만 바꿔 보면 어떨까요? 함께 배우려는 용기를 가진 교사, 성찰하는 능력을 가진 사람이라야 전문가라고 할 수 있습니다.

교사20: 이것은 교사 모두의 합의가 필요한 것 같습니다. 아무리 내가 용기를 내어서 수업을 공개해도 다른 동료 교사들이 나와 같은 시선으로 수업을 봐 주지 않는다면….

나: 당연합니다. 그래서 공동체 비전이 중요합니다. 수업을 보는 시선, 배움에 대한 철학을 공유해야 합니다. 오늘 우리가 나눈 이야기가 첫 숟가락인 것 같습니다. 어떻게 하면 수업과 교사를 분리해서 봐 주는 동료를 운 좋게 만날 수 있을까요? 내가 내민 수업을 함께 고민해 줄 수 있는 수업 친구를 어떻게 만들 수 있을까요?

교사들: ….

나: 아이들에게 답이 있습니다. 수업 시간에 아이들이 모둠 친구를 돌보듯, 우리도 공동체 울타리 안에 있는 동료 교사를 돌보면 됩니다. 한 명의 아이도 수업에서 소외되지 않는 교실, 한 명의 교사도 배움에서 소외되지 않는 학교, 그 비전을 함께 나누면 됩니다. 공동체 안에서 함께 배우는 것, 그거 별거 아닙니다. 어렵지 않습니다. (*교사 뒤에 붙은 번호는 같은 교사의 다른 발언일 수도 있다.)

뭘 보라는 건지

용기를 내서 동료 교사가 수업을 공개하지만, 수업에서 무엇을, 어떻게 보아야 하는지 막막하다면 어렵게 공개한 수업의 가치는 어떻게 되는가? 수업 관찰은 단순히 수업의 세세한 요소를 분석하는 지식의 문제가 아니다. 수업에 대한 안목과 철학의 문제이다.

수업을 보기 위해 교실을 방문하는 교사들의 태도 스펙트럼은 정말 다양하다. 아이들 배움의 순간을 어느 것 하나 놓치지 않고 세밀하게 관찰하면서 배우는 교사들이 많다. 하지만 가끔 어떤 교사들은 수시로 핸드폰을 보거나, 옆에 있는 동료 교사와 끊임없이 대화를 나누거나, 심지어는 텀블러의 커피를 마시면서 창밖을 바라보기도 한다. 수업자가 발언할 때는 수업을 보는 것 같다가도, 아이들 모둠활동이 시작되면 교실 뒤 의자에 앉아서 수업안을 읽거나, 동료 교사와 대화하면서 모둠활동이 끝나고 교사 활동이 재개되기를 기다린다. 수업을 보는 관점을 논하기 전에 먼저 수업에 대한 예의, 인간에 대한 예의를 숙고해 봤으면 좋겠다.

수업 참관 전 수업안을 미리 살펴보고 수업 장면을 상상해보자.

❶ 교육과정으로 수업 상상하기

- 교과의 본질에 맞는가?

- 핵심 개념과 내용 체계는 잘 반영되었는가?

- 성취기준은 달성될까?

❷ 활동 상상하기

- 활동의 수준과 양은 적절할까?

- 협력적 배움은 어느 지점에서 어떻게 일어날까?

- 아이들의 탐구는 어느 지점에서 어떻게 일어날까?

- 탁월성이 있는 도전과제가 있는가?

수업 참관 시 최소한의 배려

❶ 수업 시작 전에 미리 입실하여 교실 분위기를 파악하기

❷ 동료 교사와 수업 중에 이야기하지 않기

❸ 관찰 모둠을 세밀하게 볼 수 있는 위치에서 관찰하기(뒤쪽에만 자리 잡지 않기)

❹ 수업 중 학생들과 불필요한 접촉하지 않기(교재 만지기, 대화 걸기, 칭찬하기, 정답 알려주기, 설명하기 등) 교실에 수업자는 한 명이다.

❺ 교실 중간에 들어가서 모둠활동을 관찰하다가 전체 공유가 시작되면, 가장자리로 나와서 수업자와 학생들의 시선을 가리지 않기

수업 참관 시 이런 내용을 중점으로 보면 어떨까?

❶ 교실 분위기는 안심하고 배울 수 있고 편안한가?

❷ 아이들은 배움의 맥락을 잘 이해하면서 스스로 배우고 있는가?

❸ 아이들은 배움의 내용을 통해서 세상과 만나고 있는가?

❹ 아이들은 친구의 말을 듣고 새로운 생각이 촉발되어 그것을 자신의 언어로 표현하는가?

❺ 아이들은 교사가 아닌 친구에 의해서 공유가 이루어지는가?

❻ 아이들은 어디에서 잘 배우고, 어디에서 주춤거리는가?

❼ 어려운 주제(내용)를 모둠활동을 통해 친구와 함께 탐구하면서 해결하는가?

❽ 아이들은 텍스트를 깊이 있게 만나면서, 텍스트에 근거해서 대화하는가?

❾ 질문을 공유하면서 대화를 시작하고, 모르는 것을 모른다고 친구에게 편하게 묻는가?

❿ 아이들은 과거의 배움과 현재의 배움을 연결 짓고, 자신의 삶과 교실의 배움을 연결 짓는가?

⓫ 교과의 본질, 교과의 맛을 충분히 잘 살린 수업 디자인인가?

⓬ 교육과정의 영역과 핵심 개념, 성취기준을 고려한 수업 디자인인가?

⓭ 수업 내용의 분량과 수준은 적절한가?(종적 연계성)

⓮ 학습 포인트가 명료하고, 수업 디자인은 간결한가?

⑮ 활동에서 탐구를 기반으로 하는 협력하는 배움이 일어나는가?

⑯ 활동지 과제들은 나선형으로 자연스럽게 연결되어 있는가?

⑰ 도전하고 싶은 탁월성이 있는 매력적인 과제로 아이들이 배움을 즐기는가?

⑱ 교사는 수업 중 다양한 상황을 유연하게 배움으로 잘 연결하고 있는가?(광의의 수업 디자인 – 상황과의 대화)

⑲ 교사는 반 전체의 배움을 조화롭게 잘 이끄는가?(오케스트레이팅)

⑳ 교사는 학생 한 명 한 명에게 집중하면서 배움에서 소외되는 아이는 없는지 잘 살피는가?(테일러링)

㉑ 교사는 적절한 시기에, 적절한 방법으로 연결 짓기와 되돌리기를 하는가?

㉒ 교사는 배움과 상관없는 불필요한 언어와 행동을 하지 않는가?(학습자를 존중하는 정중한 언어인가?)

㉓ 교사는 도움이 필요한 아이들, 모둠을 적절한 시기에 적절한 방법으로 돌보는가?

㉔ 교사가 모둠활동을 방해하지는 않는가?(교사의 포지셔닝)

㉕ 교사는 아이들이 탐구하고 표현할 수 있도록 기다려주면서 자신의 말을 줄이는가?

수업 협의 시 주의사항

❶ 수업을 공개하고 배움의 자리를 만들어 준 수업자에게 감사하는 마음 갖기

❷ 모둠을 관찰한 교사가 모두 동참하여 대화하기(일대일식 대화는 자제)

❸ 본인이 가르치는 방식에 집착하지 않기('나라면 이렇게 하겠는데' 자제)

❹ 문제가 있는 아이에게만 편향하여 이야기하지 않기

❺ 자신의 신변 이야기가 아니라, 수업에서 관찰한 사실을 기반으로 배운 점을 이야기하기

❻ 수업자에게 질문할 때는 모든 참관자와 함께 고민해 볼 내용으로 질문하기

❼ 수업자는 참관자들의 질문에 답할 때 마지막에 한꺼번에 수업자 성찰과 함께 답하기

수업 앞에 실패나 성공이라는 수식어를 붙이는 것이 얼마나 어리석은가. 우리는 아이들에게 실패를 두려워 말라고 말하면서 정작 우리는 '실패한 수업'이 될까 봐 수업 열기를 망설인다. 수업, 도전하면 성공률이 얼마나 될까? 분명한 것은 도전하지 않으면 백 퍼센트 실패다. 수업에서 실패할 가능성을 활짝 열어 두고 여유만만하게 맞이하자. 그럴만한 가치는 충분하다.

2016년 배움중심수업에 첫발을 들여놓았을 때, 내가 어떤 수업을 했는지 필름을 돌려 보았다. 3학년 수학, '시각과 시간'을 배우는 측정 영역이다. 1분은 60초임을 알고, 초 단위까지 시각을 읽는 것이다. 짝과 함께 윗몸일으키기 스무 개를 하면서 초시계로 초를 쟀다. 시간이 가장 짧게 걸린 아이는 윗몸일으키기 왕이 되었다. 그리고 아이들이

학교에서 착한 일을 한 사진을 모아서 영상을 만들어 보여주었다. 'ㅇ
ㅇ이가 교실 쓰레기 줍는 시간 10초' '△△이가 친구를 돕는 시간 30초'
이런 자막이 영상과 노래와 함께 흐른다. 아이들은 자신들의 선행 영
상을 보면서 환호하고 몰입도는 최고조에 달한다.

"자기가 할 수 있는 선행을 적고, 그것을 하는 데 걸리는 시간을 어
림해서 적어 봅시다."

아이들은 조금 전 영상에서 본 것처럼 착한 일을 많이 하겠다고 다
짐한다. 어떤 친구의 선행 다짐이 멋진지 발표도 시킨다. 수학과, 체육
과, 도덕과의 융합 의도를 가진 수업 디자인이 아니었다. 수업 디자인
의 첫 단추인 교과의 본질을 살려야 한다는 것조차 알지 못했다. 수학
과의 탐구를 활동으로 만들어야 하는데, 아이들이 왁자지껄 몸을 많
이 움직이는 것이 활동이라고 오해했다. 경쟁의 요소를 넣어야 몰입한
다고 생각했다. 협력적인 배움을 이해하지 못했다. 아이들은 이 수업
을 마치고 어떤 배움을 얻었을까?

나: 오늘 수업에서 새롭게 배운 것을 이야기해 볼까요?
아이1: 친구를 돕는 것이 몇 초밖에 안 걸린다는 것을 알게 되
었습니다.
아이2: 앞으로 착한 일을 많이 해야겠다고 생각했습니다.

　　선생님들 사십여 명이 **빽빽**하게 교실을 둘러싸고 앉아 계시는 학교 전체 공개 수업이었다. '배움중심수업이 무엇인지 보여드릴게요. 수업 보러 오세요. 제가 연수도 열심히 받고, 공부 좀 했거든요.' 자신만만하게 선생님들을 초대했다. 책에서 읽은 '배움의 공동체' 수업을 무늬만 따라 하고 있었다는 것을 이 수업을 공개하기 전에는 알지 못했다. '실패한 수업'은 여는 순간 나를 키우는 '고마운 수업'이 된다. 어떤 수업 앞에도 실패와 성공이라는 수식어를 붙일 수 없다. 수업은 그냥 수업일 뿐이다.

08
어느새 스미다

틀에

학년 초, 아이들의 틀이 잘 보이는 시간이다. 여기는 교실, 지금은 수업 시간이다. 선생님은 질문을 했고 정답을 찾아서 큰소리로 발표해야 한다. 정답이 뭘까? 결국 자신이 없어서 손을 들지 못했고, 대여섯 명 아이들만 번갈아 가면서 발표한다. 그런데 모든 발언이 한결같이 예측 가능하다. 듣고 있는 아이들도 별다른 감흥 없이 듣고 있는 척할 뿐이다. 단단한 틀을 깨고 바깥세상으로 나올 수 있도록 도와야 한다. 빠르면 빠를수록 좋다.

"저요! 저요!"

몇 해 전, 1학년 보결 수업에 들어갔다.

"애들아, 선생님이 재미있는 책 가져왔어. 읽어 줄게. 가까이

와서 앉아 볼까?"

스무 명 남짓 아이들이 교실 바닥에 옹기종기 모여 앉아서 책의 그림과 내 목소리에 눈도 깜박이지 않고 몰입한다. '1학년인데…, 유치원에서 응석 부리다가 학교에 온 지 이제 겨우 두 달밖에 안 되었는데…, 이렇게 꼼짝 않고 선생님이 읽어 주는 책에 빠져 들어 주는구나. 고맙다.' 책을 다 읽고 나는 아이들에게 책의 내용과 관련해서 몇 가지 질문을 했다.

"메리는 블루베리를 발견하고 어떻게 했어요?"

질문이 끝나기도 전에 아이들은 거의 모두 손을 번쩍 들었다. 나는 깜짝 놀랐다. "저요! 저요!" 아이들이 외치는 소리는 순식간에 교실에 가득 찼다.

"저기 뒤쪽에 파란 옷 입은 친구가 말해 줄래요?"

아이들은 일제히 뒤를 바라본다. 파란 옷의 주인공은 발언할 기회를 얻고 의기양양하게 자리에서 일어선다. 그런데 바로 그 순간, 그 한 명을 제외하고 다른 모든 아이가 와자지껄 떠들기 시작했다. 몸을 움직이면서 기지개를 켜고, 친구와 사소한 다툼을 만들고…, 주인공은 이 모든 상황에 아랑곳하지 않고 크고 분명한 목소리로 또랑또랑 말한다.

"메리는 블루베리를 바구니에 가득 따서 호야 아주머니에게 선물했습니다."

아이의 완벽한 발언은 주인공 아이와 교사인 나, 단둘만의 대화였다. 당황한 나는 이 신기한 사태의 원인을 파악하지 못한 채 질문을 이어 나갔다. '1학년이라 주의 집중시간이 짧으니까 그럴 수 있어.' 내가 질문을 하는 순간, 아이들은 숨소리도 들리지 않게 집중한다. 나는 혼란스러웠다. '왜 선생님 말에만 집중하지? 주의 집중시간이 짧다면, 선생님 말도 잘 듣지 못할 텐데…' 이어지는 질문과 대답에 아이들은 계속 같은 반응을 보였다. 선생님 질문에는 초집중하여 '저요! 저요!'를 외치고, 본인이 아닌 다른 친구가 발표 기회를 얻으면 친구의 말에는 전혀 무관심하고 잠깐의 휴식 시간처럼 떠들고 장난친다. 이 신기한 경험을 하고, 나는 고민에 빠졌다. '왜 그럴까? 왜 아이들은 친구의 발표가 시작되는 순간 자동적으로 듣지 않는 기제가 작동할까?'

고민 끝에 내가 찾은 해답은 아이들이 가지고 있는 '틀'이었다. 아이들은 학교에 다니기 시작하면서, 아니 그보다 오래전부터 누군가가 만들어 놓은 '학교생활의 틀'에 갇힌다.

"선생님 말씀 잘 들어라, 수업 시간에 발표 많이 해라, 친구와 싸우지 말고 놀아라."

아침에 집을 나설 때 부모님으로부터 이 세 가지 주문을 듣고 왔으며, 가족과 마주하는 저녁 식사 자리에서도 이 세 가지를 점검받는다. 학교생활을 잘한다는 것은 수업 시간 선생님 말씀을 잘 듣는 것이고,

큰소리로 발표 잘하는 것이며, 쉬는 시간 친구들과 사이좋게 노는 것이다. 선생님이 책을 읽어 줄 때도 선생님 말씀을 잘 들어야 한다는 틀에 맞추어서 집중했다. 선생님 질문을 잘 들어야만 발표를 잘할 수 있기에 선생님께 완벽하게 집중한다. 질문이 채 끝나기도 전에 '저요! 저요!' 크게 외칠수록 선생님으로부터 발표 기회를 얻을 확률은 높다. 일단 발표 기회를 얻지 못했다면 거기까지 나는 최선을 다했기에 좀 쉬면서 떠들어도 괜찮다.

아이가 가지고 있는 틀 그 어디에도 친구의 말을 정중하게 잘 들어보자는 주문은 없다. 학년이 올라갈수록 수업 시간 친구의 발표는 '듣는 것'이 아니라 '듣는 척'만 하면 된다. 들어 봤자 다 거기서 거기고 내 생각과 별반 다르지 않기 때문이다. 왜냐하면 정답이 있는 질문이기에. '친구와 싸우지 말고 사이좋게 지내야 한다'는 틀은 쉬는 시간에 국한된다. 친구 말을 잘 들어주면서 좋은 관계를 쌓고, 친구와 좋은 사이로 발전하는 것은 틀에 맞지 않는, 각본에 없는 일이다. 그러니 친구를 사귀는 것은 수업 시간 배움과는 상관없는 쉬는 시간의 일이다. 이것이 아이들 '학교생활의 틀'이다.

아이들이 가진 틀에서 배움의 중심은 교사다. '배움'은 교사의 입에서 나온다. 가르침 중심 수업의 결과물이다. 듣기보다는 말하기가 우선이고, 말을 하는데 아무도 듣지 않는다. 아무도 듣지 않아도 전혀 이상하지 않다. 오직 교사 한 사람만 듣고 있으며, 교사 한 사람만 들으면 된다. 심지어는 교사도 제대로 듣지 않는다. 아이가 발언하고 있는데, 교사가 뒤돌아서 칠판에 판서를 하거나 컴퓨터로 다른 자료를 찾기도 한다. 내가 그랬다.

왜 아이들은 수업 시간 친구의 말을 듣지 않을까? 들을 만하다는 경험이 별로 없기 때문이다. 정답이 있는 질문들의 연결로 이어지는 형식적인 수업 흐름 때문이다. 재미도 없고 궁금하지 않다. 저 친구가 지금 무슨 말을 하려고 하는지 하나도 궁금하지 않다. '들어 봤자 뭐 있겠나? 나와 비슷할 텐데.'

"친구는 수업 시간에 사귄다"

학기 초, 우리 반 학생 어머니와 전화 상담을 했다.

> **어머니:** 우리 아이는 친구 사귀는 것을 어려워해요. 학기 초만 되면 아이가 조금 스트레스를 받는 것 같아요.

4학년이 된 지 며칠 지나지 않았지만, 아이는 혼자 외톨이로 지내는 것 같지는 않았다.

> **나:** 3학년 때는 어땠나요?
>
> **어머니:** 3학년 때도 친한 친구를 만들지 못했어요. 아이가 힘들어해서 담임 선생님께 상담했더니, 학원을 보내 보라고 하셨어요.

나: 네? 그래서 학원을 보냈더니 친구가 생겼나요?

어머니: 많이는 아니고, 오고 가며 친구랑 가끔 놀이터에서 놀기도 하고 그랬던 것 같아요.

친구가 없다고 학원을 보내다니….

사람을 사귀는 좋은 방법은 무엇일까? 대화이다. 내 말을 잘 들어주면 그 사람이 좋아진다. 대화를 통해 상대와 가까워진다. 이보다 쉽고 부담 없이 친구가 되는 방법이 있을까? 그렇다면, 수업 시간에 대화가 가능하다면, 친구는 수업 시간에 사귈 수 있다는 공식이 나온다. 주제에 대해 주고받는 대화, 모르는 것을 물어보고 배우는 대화, 수업은 '대화와 커뮤니케이션'의 연속이다. 친구는 쉬는 시간에 사귀는 것이 아니라 수업 시간에 대화로 사귄다.

내가 아이에게 해 준 것은 특별한 것이 아니었다. 매일 수업에서 모둠을 만들어서 대화를 나누었을 뿐이다. 아이가 친구 사귀는 것을 어려워한 적이 있었다는 사실은 믿을 수 없었다. 수업 시간 의미 있는 활동은 '발표'보다 '듣기'이며, 친구의 말을 잘 듣다 보면 그 친구가 좋아진다. 친구 사귀기는 수업 시간에 할 일이다.

말에

"미안하고, 고마웠어."

운동회를 마치고, 하교 시간이 10분 남았다. 이 자투리 시간에 어떤 이야기를 나눌까….

> **나:** 애들아, 오늘 운동회하고 느낀 점 친구들과 간단히 나누고 갈까?
>
> **아이1:** 탁구공 릴레이를 할 때 내가 탁구공을 떨어뜨렸는데, 너희들이 비난하지 않아서 미안하고, 고마웠어.
>
> **아이2:** 긴 줄넘기 할 때 내가 들어가자마자 내 발에 줄이 걸려서 내가 넘어졌잖아….
>
> **아이들:** 응….
>
> **아이2:** 그때 너희들이 괜찮냐고 걱정해 주어서 미안하고 고마웠어.

말하는 아이들의 입가에 보일 듯 말 듯 쑥스러운 예쁜 미소가 번진다. 듣고 있던 아이들은 자기도 모르게 관대한 형, 누나가 되어 너그럽게 웃는다. 그 모습을 내가 봐 버렸다. 배려에 배려가 더해지는 릴레이가 되었다. 하교 시간을 맞추기 위한 즉석 대화였는데, 아이들은 짧은 시간 동안 서로에게 그리고 나에게 무슨 짓을 하는 건가. 그날 운동회에서 우리 반은 꼴찌였다. 내가 예상한 대화는 이러했다.

'우리가 줄다리기에 져서 아쉬웠어. 피구 할 때 끝까지 살아남았는데 마지막에 져서 아쉬웠어. 우리 반이 학년 꼴찌여서 속상했어.' 내 예상은 완전히 빗나갔다. 어떻게 이런 마음을 가진 아이들이 한 반에 모여 있을까? 이것이 어떻게 가능하지? 아이들을 집에 보내고 나서 한참 동안 멍하니 있었다. 배움이 아이들을 강가의 돌처럼 동글동글 하게 다듬고 있구나. 배움중심수업, 이런 거구나….

"얘들아, 좋은 생각이 떠올랐어."

4학년 아이들과 국어 시간에 친구에게 편지 쓰는 활동을 했다.

> **나:** 얘들아, 선생님은 우리 반이 모두 친구에게서 한 통씩은 편지를 받았으면 좋겠고, 쓸 때는 자기가 쓰고 싶은 친구에게 썼으면 좋겠어. 어떻게 하면 좋을까?

자기가 편지를 쓰고 싶은 친구에게 쓰면 두세 통 받는 친구가 있을 것 이고, 한 통도 못 받는 친구도 생기기 마련이다. 선생님의 욕심에 아이 들은 갸우뚱하고 있었다.

> **철현:** 얘들아, 좋은 생각이 떠올랐어. 우리가 선생님께 소곤소 곤 누구에게 쓸 것인지 말하면, 선생님이 기록을 하고 이름이 겹치면 우리에게 조용히 다른 사람을 물어보면 돼.
>
> **아이들:** 오, 그거 정말 좋은 방법이다.

친구들에게 칭찬받은 철현이는 어깨를 으쓱했다. 아이들은 내게

와서 누구에게 편지를 쓰고 싶은지 속삭였고, 나는 메모하면서 철현이 주문대로 대상이 겹치면 '다른 사람?' 또 겹치면 '다른 사람?'을 주문하면서 편지 받을 친구를 안배하였다. 친구가 쓴 편지를 일기장에 붙여주었다. 과연 어떤 친구가 나에게 편지를 썼을까 잔뜩 기대하면서 일기장을 펼쳤다.

누구도 친구가 써 주는 편지로부터 소외되지 않을 방법을 찾아낸 철현이가 기특했다. 그리고 복잡한 방법에 동의해 준 아이들도 고마웠다. 편지를 써 주고 싶은 친구가 겹쳐서 '다른 사람? 또 다른 사람?' 이라고 내가 주문할 때, 자기가 쓰고 싶은 친구에게 쓰지 못하는 상황이라는 것을 알고도 아이들은 이 방법에 따라 주었다.

"샘, 소원이에요. 1년만 더 선생님 하세요."

어느 날 방과 후, 교실에 가방과 롱 패딩을 어지럽게 두고 축구하고 돌아온 철준이가 제법 심각한 얼굴로 말했다.

철준: 샘,

나: 응?

철준: 샘,

나: 응?

철준: 샘,

나: 왜? 왜 자꾸 불러?

철준: 소원이 있어요.

나: 뭐?

철준: 들어주세요.

나: 뭔데? 들어 보고.

철준: 샘, 1년만 선생님 더 하세요.

나: ….

철준: 제발요.

나: 1년 더 하면 뭐 하려고?

철준: 그냥요. 샘 보러 오려고요. 소원이에요. 1년만 더 하세요.

이 녀석들에게 다 쏟아붓고 빈껍데기만 남은 것 같아서 쉬려고 했
다. 철준이 소원을 듣기 전까지는.

"교장 선생님, 강부미 샘이 6학년 때도 사회, 도덕 수업할 수 있게 해주세요."

5학년 마지막 사회 시간에 철효가 칠판을 느릿느릿 지우면서 뭔가 할 말이 있는 것처럼 뜸을 들인다.

> **철효:** 샘, 6학년 때도 샘이 우리 6학년들 사회, 도덕 선생님 해주세요.
>
> **나:** 그거 내 맘대로 못해. 학교 사정을 고려해서 교장 선생님이 결정하실 거야.

그날 철효는 용감하게 교장실에 가서 교장 선생님께 부탁했다. 6학년 때도 사회 수업을 나랑 같이 하고 싶다고. 한 해 동안 수업에서 만난 아이들이 친구가 되어 깊이 들어왔다. 단지 수업일 뿐이었는데….

"만일 6학년 처음으로 돌아간다면, 우리 반에 전학을 빨리 올 것이다."

졸업식을 며칠 앞두고, 아이들과 몇 가지 질문을 만들어 즉석 뽑기로 답을 하는 대화 자리를 가졌다. 철경이는 '6학년 처음으로 돌아간다면, 무엇을 해보고 싶은가요?'라는 질문 쪽지를 뽑았다. 조금 뜸을 들이다 철경이는,

> **철경:** 만일 내가 6학년 처음으로 돌아간다면, 우리 반에 전학을 빨리 올 것이다.
>
> **아이들:** 아….

철경이는 전학 온 지 한 달밖에 안 되었고, 아이들과 나에게 마음을 열자마자 졸업이었다.

"이건 우리 반 철학이야."

"선생님, 이거 '우정은 꽃처럼 피어나고, 배움은 강물처럼 흐른다' 이거요, 명언 맞죠?"

"선생님, 이런 것 보고 급훈이라고 하는 것 맞죠?"

"아니야, 교훈이야."

한참 동안 교훈과 급훈 사이에서 실랑이를 하는 아이들 사이에 철현이가 불쑥 등장한다.

"이건 우리 반 철학이야. 우리가 항상 마음에 지녀야 할 중요한 말이니까 이건 우리 반 철학이야."

11살 아이의 입에서 나온 말 '우리 반 철학'.

"선생님, 제 꿈이 뭔지 알려 줄까요?"

아이들이 평화롭게 쉬는 모습을 들여다보는 호사를 누리고 있었다. 철준이는 선생님 책상 바로 앞에 있는 좁은 공간을 점유하고 친구와 젠가 블록으로 도미노를 만들고 있었다. 아무도 놀이에 끼워 주지 않은 선생님이 외로워 보였는지,

철준: 선생님, 저랑 이거 젠가 하실래요?

나: 그럴까?

철준: 선생님 카톡 프로필 그거 봤어요. '꿈이 생겼어요.'

나: 봤어?

철준: 선생님, 꿈이 뭐예요?

나: 비밀인데….

철준: 저도 꿈이 생겼어요.

나: 철준이 꿈은 뭔데?

철준: 저도 비밀이에요.

나: 그렇구나. 비밀이구나. 그럼 묻지 않을게.

철준: 선생님, 제 꿈 한 번만 더 물어봐 주세요.

나는 터져 나오는 웃음을 꾹 참으며 다시 정중하고, 진지하게 물었다.

> **나:** 철준아, 선생님은 철준이 꿈이 궁금한데 말해 주겠니?

철준이는 보일 듯 말 듯 빙긋이 웃으면서,

> **철준:** 비밀이지만 선생님에게만 말해 줄게요. 제 꿈은 '평범하고 평화롭게 사는 것'이에요.

어떤 말은 그대로 우리 안에 들어와 예리한 작살처럼 내리꽂힌 후 의식 어디쯤에 박힌다. 철준이 꿈을 들었을 때 바로 그런 순간이었다.

나의 의식은 멈춰 섰는데도, 아무렇지도 않은 듯 철준이에게 계속 말을 걸고 있었다.

> **나:** 오, 어떻게 그런 멋진 꿈을 갖게 되었어?
>
> **철준:** 제가 4학년을 살아보니까요, 선생님이랑 하는 수업이 평화로워서 좋아요. 3학년 때까지는 제가 좀 평범하지도 않았거든요. (히히) 그래서 평화롭지도 않았어요. 지금 평범하고 평화로워서 앞으로도 쭉 이렇게 사는 것이 꿈이에요.

철준이 꿈을 듣는 순간, 드디어 의식에 이어 젠가를 만지고 있던 내 손동작도 멈췄다.

> **나:** 정말 멋진 꿈이다. 철준이가 어떻게 그렇게 멋진 꿈을 갖게 되었을까?
>
> **철준:** 음, 선생님과 친구들과 수업하면서 계속 그런 마음이 들었어요. 수업 시간에 공부하고 있으면 내가 평범해진 것 같고, 이렇게 계속 평화롭게 살고 싶어요.

눈빛에

만날 때, 헤어질 때 눈빛 인사

아이들이 학교에 오면 제일 먼저 나와 손바닥을 맞대고 하이파이브 인사를 한다. 하이파이브 인사의 매력은 눈맞춤이다. 가방을 멘 채로 선생님이 있는 곳까지 총총 달려와서 눈빛을 맞춰 주는 짧은 시간에 오늘 하루도 서로 행복하게 지내 보자는 교감이 오고 간다. 하교할 때 눈빛 인사에는 가벼운 아쉬움이 묻어난다. 그날 하루 있던 많은 일 중에서 다하지 못한 말을 눈빛으로 건넨다. 생각만으로도 입꼬리가 올라간다.

"기분은 좀 나아졌어?"

"잘 쉬고 내일 보자."

"샘, 내일 봐요. '내일 봐요' 이 말이 얼마나 소중한 말인지 알죠? 언젠가는 이 말을 못 하게 되는 날이 온답니다."

어느 체육 시간, 아이들의 눈빛

체육 시간, 운동장에서 4학년 아이들과 간단한 게임을 했다. 달려가면서 작은 플라스틱 고깔을 놓고, 이어서 달리는 친구는 그 고깔을 걷어 오는 게임이었다. 고깔을 놓을 때 반듯하게 세워지지 않고 뒤집어지거나 굴러가면 다시 돌아와서 제대로 세워 놓고 가야 한다. 아이들이 실수하는 친구를 비난하지 않을까 걱정도 되었지만 한번 믿어보기로 했다. 역시나 아이들은 빨리 달려 나가고 싶은 욕심이 앞선다. 고깔은 넘어지고 뒤집혔다. 그것도 모르고 앞만 보고 한참을 달려가 버린 친구를 향해서 아이들이 목청을 높인다.

"야, 고깔 넘어졌어. 다시 해야 해. 얼른 되돌아가!"

같은 편 친구들은 달리고 있는 아이에게 큰소리로 외쳐 주었다. 경기에 이기기 위해서는 규칙을 지켜야 하고, 다시 돌아가서 고깔을 세워야 한다. 그 순간 나는 아이들 눈빛을 봐 버렸다. 아이들은 실수한 친구를 향해서 안타까움으로 가득 찬 눈빛을 보내고 있었다. 실수하고 다시 돌아가 고깔 놓기를 하고 늦게 들어온 친구를 아이들은 눈빛으로 다독이고 있었다.

"괜찮아?"

"응, 괜찮아!"

뜨거운 뙤약볕 아래 나는 몸과 마음이 그대로 얼어붙었다. '무조건 경기에 이기고 싶을 텐데…, 실수하는 친구가 원망스러울 텐데…, 어떻게 저런 눈빛을 보낼 수가 있지?'

나는 운동장에서 한동안 멍하니 아이들을 바라보고 있었다. 내가 아이들과 함께 만들어 가는 수업, 배움중심수업! 이거 정말 뭔가 있구나. 단지 수업 시간에 친구 이야기를 잘 듣자고만 했을 뿐인데, 자기 말에 귀 기울여 준 친구가 좋아지는구나. 아이들이 서로 이렇게 좋아하게 되는구나. 단지 수업만으로.

숨결에

수업 시간, 침묵이 머무른다.

수업 시간, 한 아이가 발언하고 잠시 침묵이 머무른다. 약속이나 한 듯 누구도 친구 말을 음미하는 일을 방해하지 않는다. 자기도 모르는 사이에 여기저기에서 '아!'하는 짧은 탄성만 간간이 들린다. 멋진 발언이 아니어도 괜찮다. 단지 한 친구가 자기 생각을 말했고, 듣던 우리는 잠시 서로의 숨결을 느낀 것뿐이다.

많은 교실에서 한 아이가 발표하면 바로 이어서 다른 아이들은 기다렸다는 듯이 손을 들어서 발표 기회를 얻으려고 한다. 발표가 끝나고 잠시 고요한 시간이 허락되지 않는다. 왜 다음 사람 발표가 그렇게 중요할까? 안 듣고 있었기 때문이다. 친구가 발표하고 있는 동안에 아이들은 머릿속으로 자신이 할 말을 구상하고 있던 것은 아닐까?. 친구 말이 마음에 닿을 리가 없고, 침묵이 머무를 수 없었다. 숨결을 느끼는 수업, 정말로 듣는 수업이다. 경청의 즐거움을 아는 아이들이다.

단지 기다려줄 뿐.

가끔 반 전체 아이들이 돌아가면서 모두 이야기를 한다. 대부분 편하게 말하지만 어떤 아이들은 유난히 오랫동안 주춤거린다. 그런 순간에 아이들은 숨죽여 기다려 준다. 누구 한 명도 손을 들어 자기가 발언할 기회를 당겨 오지도 않고, 빨리 말하라고 재촉하는 아이도 없다. 5분이 훌쩍 지나도 아이들은 서로 눈으로 말하면서 씨익 웃어 주고 말없이 기다려 준다. 발언하려던 아이가,

"누가 좀 도와줄래?"

"어떻게 말해야 할지 잘 모르겠어."

이런 말로 도움을 구하기 전까지는 단지 기다린다. 그 순간 아이들은 서로의 숨결을 느낀다. 아이들의 새근거리는 숨결이 들리는 침묵의 시간이 얼마나 정다운지 모른다. 아이들은 아무 말도 하고 있지 않지만, 서로를 바라보는 눈빛으로 무한한 이야기를 나눈다. 아이들은 안다. 침묵을 배경으로 하지 않는 말은 소음과 다름없다는 것을.

09
그것을 말하고 있을 때
행복하다

'철 시리즈' 해 주세요

과거 아이들과 현재 아이들을 연결해 주는 '철 시리즈'가 있다. 아이들은 선생님의 과거 제자들 이야기를 들으면서 시간 여행을 한다. 우리 선생님을 그들과 공유하고 있다는 동질감을 느끼고, 또 언젠가는 자신의 이야기가 선생님 미래 아이들에게 '철 시리즈'로 회자될 것을 알고 있다.

"5학년 우리 반에 철진이라는 아이가 있었어. 할머니와 단둘이 어렵게 살아가는데, 하루는 철진이가 학교를 결석해서 집을 물어물어 찾아갔지. 쓰러져 가는 단칸방에서 철진이 할머니는 중풍으로 몸을 못 움직이셨어. 철진이는 열이 펄펄 나서 방 한쪽 구석에서 정신을 잃고 쓰러져 있었어. 서둘러 병원에 데리고 가서 링거를 맞게 해 줬어. 다시 할머니가 혼자 계시는 집에 가서 할머니를 씻기고 보살펴 드린

후, 철진이를 병원에서 집으로 데리고 왔어.

집에 먹을 것은 아무것도 없었고, 좁은 집 안은 쓰레기로 넘쳐났어. 선생님은 철진이의 어려운 처지를 알았기 때문에 철진이를 위해서 이것저것 더 많이 노력하고 싶었지만, 철진이는 학교 폭력과 담배가 일상이었고, 편의점에서 거의 매일 물건과 돈을 훔쳐서 선생님이 파출소에도 여러 번 갔단다.

눈발이 날리는 11월 어느 날, 그날도 어김없이 새벽에 파출소에서 전화가 왔어. 물건을 훔쳐서 잡혀 온 철진이를 데리고 가라는 전화였어. 그날, 선생님은 너무나 슬펐단다. 새벽 3시 즈음, 파출소에서 나와서 철진이와 근처 편의점에 들어가서 컵라면에 물을 부어 놓고 기다리면서 선생님은 철진이 앞에서 하염없이 눈물을 보이고 말았어. 그날 기적이 일어났어. 1교시 수학 시간에 철진이 책상 위에 수학책이 올라와 있는 거야. 5학년 내내 수업 시간에 책이 없던 철진이가 2교시도, 3교시도 계속 책을 펴고 공부를 했단다. 선생님은 너무 놀랐어. 그날 이후로 더 이상 파출소에서 철진이를 데리고 가라는 연락은 오지 않았고, 담배도, 학교 폭력도 하지 않았어. 6학년이 되어 철진이는 다른 반이 되었고, 중학교, 고등학교까지 잘 다녔어."

"선생님, 지금 철진이 몇 살이에요?"

"선생님, 지금 철진이는 무슨 일 해요?"

"철진이는 지금 서른다섯 정도 되었고, 작은 카센터 직원으로 일하고 있어. 착한 아내와 예쁜 딸과 함께 행복하게 잘 살고 있단다. 가끔 철진이가 과일 몇 개를 담은 까만 비닐봉지를 선생님 집 현관문에 걸어 두기도 한단다."

"오, 서른다섯 살이래. 철진이 삼촌이네."

"아, 철진이가 아니네. 철진이 아저씨네."

수업 시간 활동지 안에서 우리 반 친구가 '철 시리즈' 주인공으로 등장하기도 한다. 나의 어린 시절 이야기도 가끔 등장한다. 주인공 이름은 철미, 아이들은 텍스트의 주인공 철미가 선생님인 줄 알면서 능청맞게 묻는다.

"샘, 이 철미는 혹시 그 철미인가요?"

지금 자기들보다 훨씬 어린 그 옛날의 철미와 대화한다. 시간과 공간을 넘나들면서….

살며시 네 생각

철준이는 하루 종일 태권도 이야기만 한다. '또 태권도야? 다른 이야기하면 안 될까?' 할 정도로 이 녀석 입에서는 온종일 태권도 이야기만 나온다. 태권도 절친 철람이와 쉬는 시간마다 교실 뒤 거울 앞에서 품새를 연습한다. 철준이 덕분에 나도 태권도에 대해 모르는 게 없을 정도가 되었다. 꿈과 목표도 확고하다. 청소년 국가대표, 아시안게임 메달리스트가 된다. 대학은 태권도학과에 진학하고, 올림픽 국가 대표까지 꿈꾼다. 이후에는 태권도 도장 관장이 되고, 지도자 길을 가겠다고 했다. 이보다 더 확실한 통찰, 몰입이 있을까? 목표를 달성하는 과정에서 스스로 문제를 발견하고, 해결하려는 노력도 게을리하지 않는다.

그러던 철준이가 중학교 2학년 겨울에 축구로 진로를 바꿨다. 몇 달을 고민하고 아파하다가 태권도를 접었다. 태권도 열정 밑에 꾹꾹 눌러 놓고 있던 축구를 꺼내 놓았다. 지금은 고흥 바닷가 마을 작은 중학교에서 축구를 한다.

"철준아, 그렇게 좋아하던 태권도를 그만두는 것이 아깝지 않아?"

"오랫동안 깊이 고민했어요. 더 늦기 전에 축구하고 싶어요."

"이렇게 추운 겨울에 매일 새벽 4시에 일어나서 혼자 새벽 훈련하는 것 힘들지 않아?"

"힘들어요. 힘든데 행복해요."

"샘, 나중에 유럽 챔피언스리그 결승전 티켓 보내 드릴게요. 보러 오세요."

철민이는 5학년 때부터 화장을 했다. 어느 날 거의 무대 화장 수준으로 진하게 하고 왔다. 쉬는 시간에 조용히 불러서 물티슈 한 장을 건네면서 말했다.

"철민아, 화장이 좀 진한 거 아니야? 샘이 신경 쓰여 수업이
잘 안된다. 조금만 지우지?"

"샘, 안 돼요. 저는 무대가 곧 제 삶입니다. 샘이 익숙해지셔야
합니다."

철민이는 판소리를 배운다. 방과 후에 판소리 레슨을 가서 한밤중
까지 연습한다. 그래서 언제나 목이 잠겨 있다. 판소리를 어떻게 하게
되었는지, 레슨은 어떻게 받고 연습은 어떻게 하는지, 공연은 어떻게
준비하는지 틈만 나면 재잘재잘 이야기해 준다. 6학년 때 철민이는
예술중학교 판소리 부문에 지원했다가 떨어졌다. 한동안 힘들어했다.
지금은 중학교 3학년, 판소리로 예술고를 준비한다.

"철민아, 판소리 힘들지 않아?"

"힘들어요. 엄청 힘들어요. 그래도 재미있어요."

얼마 전, 스승의 날에 친구들과 찾아왔다. 그런데 철민이가 화장기 하
나 없는 생얼이다.

"철민아, 화장 안 했네?"

"이제 귀찮아서 안 해요. 그 시간에 판소리 공부 더 해야 해요.
예고 가려면 빡세게 연습해야 해요."

철윤이는 요리학원에 다닌다. 방과 후에 친구들이 영어, 수학 학원에 갈 때 요리를 배운다. 철윤이 꿈은 월드클래스 요리사이다. 중학교 3학년 어느 날 학원에서 만든 탕평채를 작은 유리그릇에 담아 왔다. 크고 투박한 손으로 구부정하게 고기와 야채를 칼질하는 모습이 떠올랐다. 철윤이의 작품을 맛있게 먹는데 눈물이 핑 돌았다.

"샘, 유럽에서 월드클래스 축구 선수 철준이를 위해서 가서 요리해 줄 거예요. 영국에서 만납시다."

아이들을 보면서 나를 성찰한다. 완벽하게 몰입하여 사랑하는 것이 무엇인가? 숨이 막히게 삶과 접촉한 순간이 언제인가? 나는 무엇을 말할 때 가장 행복한가? 바로 수업이다. 수업디자인을 고민하고, 아이들이 어떻게 배우고 있으며, 수업에서 어려움과 배운 점을 친구들과 대화할 때 철준이, 철민이, 철윤이가 내게도 보인다. '존재 자체의 나'를 만난다. 아이들은 그것을 말하고 있을 때 행복하다. 곁에서 듣고 있는 나도 행복하다.

찐 위로

4학년 때 우리 반이던 여학생 철주는 노래를 참 잘했다. 음악 시간에 철주가 노래를 부르면 아이들은 심장이 마구 뛴다고 했다. 철주의 목소리에는 가슴 깊은 곳을 울리는 감동이 있었다. 나는 철주에게 어

린이합창단 오디션을 권유했고, 6학년 때부터 시립합창단원으로 활동
했다. 중학교 3학년이 된 철주가 어느 날 하굣길에 나를 찾아왔다.

> "철주야, 선생님이 오늘 조금 힘든 일이 있었어. 철주 노래 한
> 곡 듣고 싶은데…."

철주는 목을 가다듬고 선곡을 하더니, 〈꿈꾸지 않으면〉을 부르기
시작했다. 철주가 부르는 노랫말이 얼마나 가슴에 와 닿던지…, 노래
를 부르는 철주 등 뒤에서 하염없이 눈물이 났다. 오로지 선생님만을
위한 철주의 공연이 끝났다. 나는 왜 그 노래를 불렀는지 철주에게
물었다.

> "선생님이 오늘 힘든 일이 있었다고 하셨으니, 그건 분명히 아
> 이들 때문에 속상한 일이었을 것이고, 그래서 힘내시라고 이
> 노래를 불렀어요."

그날 나는 제대로 알았다. '사람이 사람에게 완벽한 위로가 되는
것, 바로 이런 것이구나. 나는 내 아이들에게 이런 숨 막히는 위로를
준 적이 있었을까….'

연구회 선생님들과 나눌 수업 영상을 찍었다. 4학년 수학, 소수의
덧셈과 뺄셈이었다. 마침, 수업이 없는 후배 선생님께 캠코더로 영상
촬영을 부탁드렸고, 감사하게도 선뜻 도와주셨다. 수업 영상에 교사

모습보다는 아이들 활동을 많이 담아 달라는 부탁도 잊이 않았다. 한 시간 내내 마이크가 달린 캠코더를 들고 아이들 모습을 담으려고 애쓰시는 선생님이 고마웠다.

수업은 기대 이상으로 아름다웠다. 아이들은 어려운 점프 문제를 해결하느라 모둠 친구들과 서로 묻고, 자기 생각을 거침없이 쏟아 내었다. 마지막 전체 공유에 자신들이 막힌 부분에 대한 궁금증은 극대화되었다. 더할 나위 없이 완벽한 배움이 일어나는 멋진 수업이었다. 수업이 끝나고 쉬는 시간, 아이들은 아직도 수업의 감흥에서 나올 마음이 없다. 서로 어려운 것과 궁금한 것을 계속 말하고 있었다. 한 시간 내내 열심히 찍어 주신 선생님께 감사를 전하고, 조금 긴장하며 카메라 속 영상을 내 컴퓨터로 옮겼다. 그런데 이게 어찌 된 일인가? 영상에 소리가 담기지 않았다. 마이크 잭을 캠코더에 연결한 상태로 마이크 전원을 끄고 녹화해서 음소거로 촬영되었다. 제대로 알려 드리지 못한 나의 불찰이었다. 그 순간의 허탈함은 어떤 말로도 표현할 수가 없었다. 한 시간 공들인 수업 영상이 통째로 날아갔다.

"얘들아, 큰일 났어. 수업 영상에 너희들 목소리가 안 들어갔어. 망했어."

아이들이 실망할 줄 알면서도, 나는 아이들에게 사실대로 고백했다. 그런데 아이들은 전혀 예상 밖의 반응으로 대수롭지 않게 웃어 넘겼다.

"에이 괜찮아요, 선생님. 우리가 수업 재미있게 했으면 됐죠. 수업 재미있었어요."

"괜찮아요, 선생님. 오늘 수업 재미있었고, 수업은 또 찍으면 되죠."

열한 살 아이들이 툭 던진 그 말에 머리가 멍해졌다. 아이들은 어떻게 이것을 알았을까? 가슴 떨리는 배움의 기억은 수업 영상이 아니라, 자기들 마음속 폴더에 자리 잡고 있으며 언제든지 꺼내 볼 수 있다는 것을. 자기 인생이 한 편의 수업이며, 삶의 묘미는 과정 자체라는 것을. 아이들은 알고 있었다.

아이들은 자신들의 위로에도 선생님의 혼미한 정신이 정상 궤도로 돌아오지 않았음을 알아차렸다. 하교 인사할 때 철영이는 나를 가만히 안아주면서 나직이 속삭였다.

"선생님, 영상 망한 거 속상해 마세요. 힘내세요."

누가 선생이고, 누가 학생인지….

나는 가끔 내 수업 한가운데에서 중심을 잃고 휘청거린다. 한 아이의 어떤 발언에 같은 공간에 있던 우리 모두는 약속한 듯 짧은 탄식과 함께 얼어붙는다.

"아…."

몸과 마음과 영혼까지 감동으로 흔들리는 순간, 나도 모르게 내 손이 두근거리는 가슴으로 올라간다. 한 아이의 발언이 훅 들어와서 내 영혼을 휘감는 바로 그 순간에 나는 어김없이 아이들에게 되묻는다. 혹시라도 소중한 발언을 놓친 친구가 있으면 어쩌나 하는 마음에.

"얘들아, 들었어? 방금 ○○가 한 말 들었어?"

아이들은 선생님의 어리석은 질문에 일일이 반응하지 않는다. 친구의 발언은 영혼 깊숙한 곳에서 유유히 헤엄치고 있고, 그에 덧붙이는 어떤 말도 무의미했다. 수업이 온전한 '아름다움'만 남기고 씨익 웃으며 사라진다. 나의 배움은 언제나 아이들에게서 온다. 진한 위로와 함께.

심심할 예정입니다

3월 어느 토요일 오후, 6학년 우리 반 철효에게서 휴대전화 메시지가 왔다.

"심심해요. 샘, 뭐 하세요?"

"꽃집에 화분 사러 가려는데 같이 갈래?"

"네, 같이 가요."

월요일 아침 주말 이야기를 나누는데, 철효가 선생님과 함께 꽃집에 다녀왔다고 말했다. 아이들은 일제히 투덜거렸다.

"뭐예요? 샘, 왜 철효만 데리고 갔어요?"

"우리도 심심하다고 메시지 보내면 어디든 데리고 가 주실 거죠?"

그렇게 해서 '샘, 심심해요' 프로젝트가 생겨났다. 아이들은 아무 때나 '샘, 심심해요' 메시지를 보내왔고, 특별히 바쁜 일이 없을 때는 언제나 아이들과 시간을 보냈다. 무등산, 영화관, 야구장, 음악회, 카페, 놀이동산, 축구장, 샘 집 1박 2일 힐링캠프까지…. 아이들과 무던히도 많이 돌아다녔다. 하굣길에 하이파이브로 눈인사를 하면서 나누는 단골 멘트가 있다.

"샘, 오늘 저녁 심심할 예정입니다."

'샘, 심심해요'는 시즌 1, 2, 3까지 일 년 내내 단연 인기 있는 프로그램이었다. 처음에는 아이들에게 내 시간과 정성을 내어 준다고 생각했다. 하지만 이제 와 고백하건데 '샘, 심심해요'는 내가 아이들에게 건넨 '얘들아, 샘 심심해'였다. 아이들은 알았을까?

올해는 담임을 맡지 않아 우리 반 아이들이 없다. 담임으로서 수업에서 받는 감동과 힐링이 나의 강력한 피로회복제인데, 그것이 채워지지 않으니 조금 우울하기도 하다. 수업에서 받는 위로의 기억이 흐릿해진다. '아, 아이들의 위로가 필요해. 충전해야 해.'

"철윤아, 저녁때 뭐 해? 근린공원에서 만나자. 아이스 아메리

카노 한 잔 어때?"

"샘, 심심하시군요. 철준이도 부르겠습니다."

무엇이 없어도 있는 경우가 있다

사랑하는 우리 반, 나의 아이들에게,

내일이면 졸업이다. 우리가 함께 지내는 시간이 우리 곁을 휙휙 지나가는 것이 느껴질 때, 샘은 불안하고 무서웠다. '이러다가 졸업이 와 버리면 어떡하지…' '졸업식이 끝나고 아이들이 교실을 다 빠져나가고 나면 그때는 어떡하지…'

시간을 거슬러 지난날로 돌아가 보니 너희에게 고마운 일들이 많다. 매일 학교 오는 것이 즐거웠고, 수업 준비하는 것이 행복했다. 수업 시간에 너희들과 나눈 대화는 하나하나 소중하게 간직하고 있다. 체험학습도, 수학여행도 너희들과 함께 있는 것만으로 그 순간이 더할 나위 없이 소중했다.

선생님이라는 자리에 있는 긴 시간 동안 수많은 아이를 만나고 보내왔지만, 나는 올해 너희들과 행복한 시간을 보냈다. 이보다 더 행복할 수도 없고, 더 행복해지고 싶은 욕심도 없다. 그러니 내가 너희들에게 얼마나 고마워해야 하는지 잘 안다. 헤어지면서 선생님이 꼭 건네 주고 싶은 말이 있다.

첫째는, 마음이 따뜻한 사람이 되자. 제아무리 크고 위대한 업적을 남기는 사람도 자기 주위의 가족, 친구, 동료, 이웃에게 따뜻한 온기를 전하지 못한다면 아무 소용이 없다. 선생님이 여러 번 강조했듯이 인간의 가치는 무엇을 잘하고, 무엇을 소유하고 있는지가 아니라, 다른 사람을 대하는 정중함에 달려 있다.

둘째는, 꿈을 갖고 어떤 어려움이 있어도 포기하지 말자. 꿈을 이루는 결과도 중요하지만, 과정도 소중하다. 인생에서 결과는 없다. 모두가 과정의 연속일 뿐이다. 우리가 함께한 일 년에서 가장 소중한 날이 졸업식 날이 아니라, 하루하루가 소중하고 의미 있는 것처럼.

셋째는, 자기 재능과 노력의 일부를 나와 내 가족뿐만 아니라 나와 전혀 상관없는 타인을 위해서도 조금 나누자. 그렇게 되면 우리 인생은 상상할 수 없을 만큼 풍요로워질 거야.

사랑하는 아이들아,

샘은 따뜻하고, 총명하고, 훌륭한 너희들과 함께 지내면서 더불어 많이 배웠다. 언제나 내가 한 명 한 명 지지하고 응원한다는 것 잊지 말고, 정말 힘든 순간에 나를 떠올려 준다면 샘은 정말 행복할 것 같다. 사랑한다. 오래도록.

〈2019. 1. 3. 졸업식을 하루 앞둔 날 저녁〉 강부미 샘.

'무엇이 있어도 있는 경우가 있고, 무엇이 있어도 없는 경우가 있다.' (『검색의 시대, 사유의 회복』, 법인, 불광출판사, 2015) 내가 읽은 책에서 아이들과 나누고 싶은 부분이 있으면 칠판에 쓰고, ㅁㅁ를 넣는다. 아이들은 신기한 수수께끼 맞추듯 빈칸에 들어갈 말을 이것저것 떠들어 댄다. 아이들은 생각을 모아 낱말 퀴즈를 풀고, 작가의 생각과 만난다. 마침내 아이들 입에서 작가의 문장이 완성되면, 본격적으로 나눔이 시작된다.

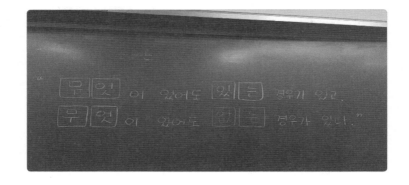

　그런데, 무엇이 없어도 있는 경우가 있다. 그것도 아주 깊게….

10
루틴 Delete,
미니멀 클래스!

규칙, 규칙, 규칙 그리고 벌칙

새 학년 첫날, 아이들은 잔뜩 긴장한 채 새 교실에 들어선다. 선생님도, 친구들도, 교실도 모든 것이 낯설고 불편하다. 우리 반은 첫 만남을 '이름 외우기'로 시작한다. 이름을 외워야지 뭐라도 할 수 있다. '야! 너! 거기! 저기!'로 부를 수는 없지 않은가. 이름을 외우고 아이들에게 묻는다.

나: 이제 뭐 할까?

아이들 대답은 내 예상을 한 번도 빗나간 적이 없다.

아이들: 학급 규칙 만들어요.

새로운 반에서 새 친구들과 선생님을 만난 지 겨우 한두 시간밖에 되지 않았는데, 학급 규칙을 만드는 것이 뭐가 그리 급할까?

나: 그래? 학급 규칙에 어떤 것이 필요할까?

'하루에 발표 세 번 하면 발표 자석 하나 붙여요. 급식 반장이 급식 검사해서 남기지 않으면 급식 체크표에 동그라미 두 개 받아요. 반 친구들이 모두 발표하면 학급 온도계 1도 올라가고, 온도계 100도 되면 치킨 파티해요. 1인1역 정해서 청소 반장이 점검하고 잘한 친구들은 점검표에 동그라미 두 개 받아요. 수업 시간에 떠들다가 걸리면 벌칙 스티커 받고, 벌칙 스티커 많이 받은 아이들은 남아서 청소하고 가요. 친구와 싸워도 벌칙 스티커 받아요. 잘못한 일이 있으면 방과 후에 남아서 그 행동 안 하겠다는 문장을 백 번 쓰고 하교해요…'

아이들은 거침없이 신나게 쏟아 낸다. 상벌 교육에 대한 알프레드 아들러(Afred Adler)의 말이 떠올랐다. "칭찬하는 사람이 없으면 적절한 행동을 하지 않는다. 벌주는 사람이 없으면 부적절한 행동을 한다." 아이들과 하나하나 다시 짚어 보았다.

'급식을 점검받아야 할까? 수업을 방해했는데 왜 남아서 청소를 하고 가야 하지? 수업과 청소는 어떤 관계가 있지? 왜 청소를 청소 반장에게 점검받아야 할까? 왜 모두 발표해야 할까? 왜 학급 온도계가 필요할까? 벌칙 스티커는 꼭 필요할까…' 천천히 조목조목 되묻는 선생님에게 아이들 대답은 모두 같았다.

"지금까지 계속 그렇게 해 왔어요."

정말 필요한 규칙인지 아이들과 대화했다.

아이1: 선생님, 그렇다면 규칙이 없는 것을 우리 반 규칙으로 해요.

아이2: 야, 그건 안 되지. 규칙이 없으면 우리 반이 안 굴러가면 어떡해?

나: 그럼 꼭 필요한 규칙 한두 가지만 정하자. 뭐가 좋을까?"

아이들은 깊은 고민에 빠진다. 지금까지 일거수일투족을 통제하는 수많은 규칙과 벌칙 속에서 편안하게 살아왔는데, 오늘 처음 만난 저 선생님은 계속해서 규칙 꼭 필요하냐고 묻는다. 규율 없이 자율적인 삶을 살아도 괜찮을지? 규칙과 벌칙이 없어도 걱정할 만한 일은 일어나지 않을 것인지? 불안한 실험이 시작된다. 그렇게 만들어진 우리 반 규칙은 '경청과 배려'가 되었다. 이 두 가지만 남기고 모두 깨끗하게 휴지통 비우기까지 끝냈다.

아이3: 얘들아, 그런데 좀 이상해. 경청과 배려 안에 모든 것이 다 포함되는 것 같아.

아이4: 맞아, 수업 시간에 제일 중요한 것은 '경청'이잖아. 쉬는 시간에 중요한 것은 '배려'야. 학교 와서 집에 갈 때까지 '경청과 배려', 이 두 가지만 있으면 모든 것이 해결돼.

아이5: 쉬는 시간에도 '경청'은 필요해.

아이6: 맞아, 수업 시간에도 '배려'가 필요하고.

아이들: 그러네. 맞네.

현명한 아이들은 첫날부터 선생님의 큰 그림을 읽는다.

언젠가 새 학기가 시작될 때, 지난해 아이들이 쓰던 사물함을 청소하면서 놀라운 종이를 발견하였다. '다음부터는 지각하지 않겠습니다. 다음부터는 지각하지 않겠습니다…' 같은 문장을 깨알 같은 글씨로 수백 번 빽빽하게 쓴 반성문 깜지다. '다음부터는 ○○욕을 하지 않겠습니다. 다음부터는 친구와 싸우지 않고, 친구를 놀리지 않겠습니다. 다음부터는 청소 시간에 청소를 잘하겠습니다…' 문장 종류도 다양하다. 아이들은 같은 문장을 반복해서 쓰면서 어떤 생각을 했을까? 글자 사이로 아이 표정이 보이는 듯했다. 자기 행동을 깊이 반성했을까? 혹시 반성 대신 치환시키지는 않았을까?

"왜 그랬어…."

따뜻하게 물어 보고, 아이 말을 들어주고, 대화하면 충분하다. 아침 독서 시간, '책장 넘기는 소리' 시간에 아이들과 나는 함께 책을 읽는다. 『검색의 시대, 사유의 회복』을 읽을 즈음에는 아이들에게 자주 낭독해 주었다. '공감이 수행이다'를 읽어주었을 때 아이들은 한참 동안 말이 없었다.

"샘, 우리 '되돌아보기' 파일에 '공감이 수행이다' 넣어요."

되돌아보기 파일에 들어간 '공감이 수행이다'는 단연 인기 만점이었다. 친구들과 소소한 갈등이 생긴 아이, 친구에게 미안한 일이 있는 아이, 마음이 불편한 아이들은 방과 후에 스스로 남는다. 교실 카페에서 누구에게도 방해받지 않고 자신의 하루를 멍하니 바라본다. 자기 마음을 들여다보기 딱 좋은 시간과 공간이다. 마음이 가라앉으면 작은 책상에서 되돌아보기 파일을 뒤적인다. 마음에 드는 한 구절을 선택해서 자기 일기장에 차분히 쓰고 간다. 아이들이 스스로 정한 '성찰의 룰'이다. 가볍고도 깊다. 글을 쓰면서 아이들은 무슨 생각을 했을까? 6학년 열세 살 청춘들이 해남 대흥사 일지암의 법인 스님을 만나고 있었다. 벌칙인지 수행인지…. (현재, 법인 스님은 남원 실상사에 계신다.)

〈나쁜 짓들의 목록〉(공광규)도 아이들이 좋아하는 시다. '되돌아보기' 파일에서 가장 많이 선택한 시다.

"샘, 이 시는 정말 말도 안 되는 거 아시죠? 그래도 시가 좋으니까 쓰긴 써요." (웃음)

'차렷! 경례!', '열심히 공부하겠습니다'

"차렷! 선생님께 경례! 열심히 공부하겠습니다."

수업 시작 인사가 서로의 안부를 묻는 것이 아니라 구호 같은 것이다. 다짐의 인사는 어디에서 왔을까? 몇 해 전, 새로 부임한 학교에서 아이들이 뛰어가면서 뭐라고 소리를 질렀다. 무슨 말인지 못 알아들었다. 천천히 걸어가는 아이들도 고개를 숙이면서 인사하는데 잘 알아듣지 못했다. 나중에 알고 보니 전교생이 특별한 인사를 하고 있었다. '착한 어린이가 되겠습니다.' 낯설었다. 아이들은 하루에도 수십 번씩 복도에서 선생님을 만날 때, 교실에서도 수업 시작과 마무리에 착한 어린이가 되겠다고 자신에게, 친구에게 다짐하고 있었다. 안타까웠다. 인사란 본디 안부를 묻는 것이 아니던가.

"스스로 찾으면서 친구와 배움을 나누겠습니다!"

"배우고, 나누고, 실천하겠습니다!"

수업 시작 구호 덕분에 쉬는 시간 어수선함이 순식간에 정리되고, 조용해진 교실에서 교사는 수월하게 수업의 오프닝을 한다. 언뜻 보기에는 자기 주도적인 것 같다. 구호 내용도 주옥같다. '스스로', '배움', '나눔', '실천'… 이 존엄한 가치들이 틀에 갇혀서 제 빛깔을 잃고, 구태의연한 표어로 박제화된다면 억지일까? '얘들아, 수업 시작할까?' 이 정도면 어떨까?

종, '박수 3번 시작!'

많은 교실에서 아이들이 교사에게 집중해야 하는 순간에 어김없이 '종'이 울린다. 종은 어디서 왔을까? 교실에서 아이들은 활동 중에 종이 울리면 잘 훈련받은 대로 하던 것을 멈추고 교사에게 집중한다. 손을 머리에 올리거나 구호를 외치기도 한다. 덜한 친구들은 초조하다. O학년을 부르면 아마도 반사적으로 자기 반을 외치면서 박수를 세번 칠 것이다. 종을 울리는 대신, 주의집중 구호나 박수 대신, '얘들아, 덜 했어도 괜찮아. 친구들은 어디가 어려웠는지 같이 이야기해 볼까?' 이 정도면 충분하지 않을까?

'제가 발표하겠습니다', 발표 수신호

수업 시간에 손을 들어 교사에게 발언 기회를 얻은 아이가 자리에서 일어선다. 의자를 책상 밑으로 밀어 넣고, 바른 자세로 서서 배꼽에 두 손을 얹고 '제가 발표하겠습니다'를 외치기도 한다. 이런 준비 과정 동안 아이들은 친구 말의 궁금증이 없어지지는 않을까? 발표하는 아이도 이 모든 의식이 끝나고 나면 정작 자기가 어떤 말을 하려고 했는지 잊어버리지는 않을까? 아이들 말에 담긴 말랑말랑한 본질이 많은 껍데기에 둘러싸여 있다. 딱딱한 포장이 여러 겹일수록 촉감을 느끼기 어렵다. 그냥 자리에 앉아서 '내 생각은⋯.' 이렇게 이야기하면 어떨까?

수업 시간, 아이들은 친구의 말이 끝나자마자 손가락 두 개를 들어 보이며 브이를 만든다. 이 이상한 풍경은 초등학교 교실 어디서나 낯설지 않다. 경청을 위한 장치이다. 하지만 역설적이게도 이 손가락 브이는 아이들이 친구의 말을 듣지 않게 만드는 강력한 힘이 있다. 친구 말을 듣지 않고 멍하니 있다가 발표가 끝나자마자 잘 들었다는 표징으로 브이를 교사에게 보여준다. 나는 저 친구와 같은 생각이니까 선생님은 나를 지목해서 다른 발표를 시킬 필요가 없다는 뜻이다. 얼마나 편리하고 고마운 브이인가?

　발표하는 친구와 똑같은 생각을 가진다는 것이 가능할까? 만약 그
것이 가능하다면 그 질문은 답이 정해진 질문이었다. 집게손가락 한
개를 들어 보이면 보충할 말이 있다는 표시이고, 주먹을 쥐고 손을 번
쩍 들면 반대 의견이 있다는 표시이다. 친구의 발언에 의사 표시를 왜
즉각적으로 해야 할까? 잠깐 음미하면 좋을 텐데.

　　"음, 나는 조금 생각이 달라."

　　"아, 나도 너랑 비슷하게 생각했어."

　　"음, 나는 처음에는 그렇게 생각했는데, 지금은 생각이 바뀌
　　었어."

　　"아, 그럴 수도 있겠구나. 나는 거기까지는 미처 생각하지 못
　　했어."

　　"음, 네 말을 들으면서 내 생각이 변하고 있는 것 같아."

　친구 말에 대한 반응은 무한하다. 이렇게 말로 소통하면 된다. 대
화의 기본이다. 왜 친구의 의견에 동의, 보충, 반대 의견 꼭 세 가지
종류의 손가락 모양으로 표시해야 하는지 왜 경계에 있는 다중의 다
른 생각과 느낌은 허용되지 않는지 농축수산물 공판장에서 경매할
때 사용하는 듯한 수신호가 어떤 경로로 교실에 들어오게 되었는지
의문이다.

　새 학년이 시작하는 3월은 여러 가지 '기본 학습 훈련'의 집중 훈

련 기간이다. 획일과 효율의 훈련을 걷어내고 서로 다른 호흡으로 대화할 때 수업은 살아 있는 예술이 된다. '학습 훈련' 대신 잘 듣고, 모르는 것은 질문하고, 협력해서 탐구하는 좋은 '학습 습관'을 들인 다면….

체크리스트

수업 중에 어떤 아이는 수첩에 뭔가를 열심히 적는다. 수첩 주인 은 아이들 하루 생활을 체크한다. 지각은 하지 않았는가? 발표는 몇 번 했는가? 수업 시간 선생님으로부터 지적은 몇 번 받았는가? 칭찬 은 몇 번 받았는가? 교과서나 준비물은 잘 가져왔는가? 숙제는 잘했 는가? 친구랑 싸우지는 않았는가? 욕설은 몇 번 했는가? 청소 시간 1인1역은 잘했는가…. 항목은 헤아릴 수 없이 많고, 체크 기호 역시 ◎○△×로 세분화되어 있다. 이 기호들은 수치화되어서 칸칸이 점수 로 환산되고, 하루 일과 점수가 부여된다. 기준점에 미달되면 남아 서 청소를 하는 등 벌칙을 받기도 한다. 모두가 기준점을 통과하는 날은 학급 온도계가 1도 올라가는 반 전체 보상을 받기도 한다.

체크리스트 북을 관리하는 절대 권력의 친구는 아이들과 갈등에 시달린다. 그래서 수업 시간에 비밀리에 적기도 한다. 하루 종일 친구 들 행동을 수시로 기록하고 점수를 계산해야 한다. 교사는 정교하게 만든 체크북을 한 아이에게 일임하고 아이들이 스스로 규칙을 지키고, 자치를 완성해 가는 듯한 착각을 하면서 아이들에게 '주체성의 신화'를 강요한다. 친구들의 하루 학교생활은 이렇게 정량화되어 모둠 칭찬 자석이 올라간다. 자석이 가장 많이 쌓이는 모둠에게는 또 다른 보상이 주어진다. 그만 숨 막히는 체크리스트로부터 아이들을 풀어 주자.

학급 온도계

초등학교 교실에는 부직포로 만든 빨강색 수은주가 올라가는 학급 온도계라는 물건이 있다. 교실을 공동체 울타리로 만든다고 착각하게 하는 요긴한 물건이다. 학급 온도계의 수은주를 올리기 위해서는 많은 규칙을 지켜야 한다. 일기를 모두 써오기, 청소를 모두 잘하기, 수업 시간에 한 명도 지적받지 않기, 과제를 모두 해오기, 발표를 모두 세 번 이상하기…. 많은 약속이 온도계 눈금 하나를 힘겹게 떠받친다. 약속마다 '모두'가 들어간다. 모두 달성할 때 1도 올라가니까 공동체 정신일까? 획일, 효율, 결과는 활동의 본질을 변질시키고 사람, 의미, 과정을 경시하게 한다.

일기의 본질은 하루를 잠깐 돌아보면서 자신과 나누는 대화이다. 어떤 사정으로 일기를 못 썼다면, 그 사정이 대화로 받아들여지면 된다. 내가 일기를 안 쓰면 온도계가 올라가지 않고 친구들이 비난하니까 소란한 교실 구석에서 영혼 없는 일기를 끄적인다. 결국 일기 쓰기의 고귀한 본질에서 멀어진다. 아이들은 활동을 얼마나 깊이 있게, 정중하게 대했는지가 아니라 그저 해치우는 것을 학습한다. 한 아이가 온 정성을 다해서 쓴 일기도 온도계 한 칸으로 치환되어 버린다. 뭔가 가벼워서 억울하다. 설상가상 정성 들여 쓴 일기장을 깜빡 집에 두고 왔고 아이들과 선생님께 양해를 구했지만, 받아들여지지 않는다면 어떻게 될까? 쉬는 시간에 이면지에 대충 써서 학급 온도계를 올려야 할까?

수업 시간 발표는 말할 필요도 없다. 발표 횟수로 온도계가 올라가니 아이들은 발표에 최상의 가치를 부여한다. 자발성에 기반한 듣는 행위를 수량화할 방법은 없다. 발표는 수업 참여도의 지표가 된다. 친구 발언 중에도 그다음 내가 할 말을 생각하기도 한다. 친구의 말이 끝나자마자 자동으로 손이 올라가고 선생님의 지명을 받아내야만 한다. 상황이 이러하니 들을 필요도 없고, 듣는 척만 하면서, 모두가 자기 할 말만 하는 이상한 수업이 된다. 반면에 정말 잘 듣고 자기 생각을 정중하게 표현한 고귀한 참여도 발표 횟수 1회로 치환된다. 아이들은 좋은 발언의 가치를 알고 있다. 발표가 무언가로 치환되지만 않는다면, 발언이 발언 자체로 친구들 마음에 울리도록 가만 놔둔다면.

아이1: 수학 선생님, 오늘 수업 '상중하' 뭐에요?

나: '상'이면 뭐 하는데?

아이2: '상'이면 학급 온도계 1도 올라가요. 100도 되면 파티 해요.

나: 무슨 파티하는데?

아이4: 피자랑 치킨 파티요.

나: 어떻게 하면 '상'이야?

아이5: 발표를 많이 하고, 수업 태도가 좋으면 '상'이에요.

나: '발표가 치킨과 피자로 연결되는구나…'

독서 반장, 모둠장

아침 독서 시간, 교사는 컴퓨터 앞에서 바쁜 업무를 처리한다. 독서 반장은 반 친구들의 부러움을 한 몸에 받으며 독서지도를 한다. 독서가 감독과 점검의 대상이 되어 버렸다. 독서 스티커를 붙이고, 독서 마라톤 사이트에 읽은 쪽수를 누적 기록하고 킬로미터를 점검받는다. 생각만으로도 힘든 마라톤에 독서를 갖다 붙였다. 모든 독서 활동을 점수로 환산해서 '다독아 상'도 준다. 책을 많이 읽는 것이 상을 받을 일인지 아이들과 대화해 보자. '독서 오름판'을 가만히 들여다보고 있으면 숨이 찬다. 오르고 또 올라서 저 산의 정상에 오르면, 책을 읽는 즐거움을 알게 될까? 독서의 교육적 효과를 강조하지만 정작 아침 시간에 선생님과 아이들이 함께 평화롭게 책을 읽는 교실은 좀처럼 찾아보기 힘들다.

책을 읽는다는 것은 '오직 읽을 뿐'이어야 한다. 독서는 온갖 무거운 갑옷들로부터 무장해제 되는 평화로운 행위이며, 자신을 드넓은 세상에 툭 던져 놓을 수 있는 설렘 그 자체다. 독서는 잠시 일상언어에서 벗어나 사유어를 접할 수 있는 고급지고 우아한 세계로 입문하는 것이다. 독서에 붙은 점검이 책을 읽는 즐거움을 빼앗지는 않는지 살펴보자. 다독(多讀)보다는 정독(精讀)과 재독(再讀)의 중요성을 일깨워 준 사람들이 많다. 벤저민 플랭클린은 "많이 읽어라. 그러나 많은 책을 읽지는 마라"고 했다. 신영복은 '서삼독(書三讀)'을 강조했다. "책은 반드시 세 번 읽어야 합니다. 먼저 텍스트를 읽고 다음으로 그 필자를 읽고 그리고 최종적으로는 그것을 읽고 있는 독자 자신을 읽어야 합니다." 작가 홍승완은 "치밀하게 읽어야 온전히 소화할 수 있고, 여러 번 읽어야 깊이 깨달을 수 있다"고 했다.

독서를 그냥 독서로 남겨 두자. 독서는 단지 독서일 뿐.

모둠활동을 이끄는 리더, 모둠장. 그 배경에는 혹시 아이들을 믿지 못하는 마음이 있는 것은 아닐까? '그냥 두면 못할 거야. 똑똑한 누군가가 이끌어 야지 뭐라도 되지 않겠나.' 모둠의 리더로 선정된 아이는 활동을 이끌면서 스트레스를 받기도 한다. 친구들이 모둠장을 의지하고 입을 닫고 있기 때문이다. '나는 가만있어도 책임감 강한 모둠장이 알아서 이끌 것이다. 알아서 말하고, 알아서 정리하고, 알아서 발표도 할 텐데 내가 굳이 말할 필요 있겠나.' 심지어는 가위바위보로 말할 순서를 정하기도 한다. 이야기를 나누는데 가위바위보로 순서를 정하다니.

"이제 너 말할 차례야. 이야기해."

모둠활동만 하라고 하면 아이들은 입을 닫아서, 같은 모둠이 된 아이들의 관계가 안 좋아지는 경우도 많다. 결국 교사는 오리고, 붙이고, 색칠하는 등 손이 바쁜 작업으로만 공장의 생산라인 컨베이어 벨트처럼 모둠을 활용한다. 학습 용품이 들어있는 바구니를 가운데 두고 손이 바쁘다. 선생님도 아이들도 모두 착각한다. 자기 생각을 말하지 않아도 되는 이 부담 없는 분업 시간을 협력적인 모둠활동이라고. 부담이 없으니 아이들은 떠들기 시작한다. '얘들아, 떠들지 말고 하자.'

모둠활동이란 혼자 해결할 수 없는 어려운 과제를 머리를 맞대고 함께 해결하는 것이다. 그 과정에서 서로를 존중하면서 타자와 대화하고 다양성을 인정하는 법을 배운다. 친구 말을 듣고, 자기 생각을 건네는 표현을 연습하고, 대화 과정에서 좋은 관계는 자연스럽게 얻어진다. 아이들을 믿어 주자. 모둠에 학습 능력이 뛰어난 아이가 꼭 배치되어야 하는 것은 아니다. 모두가 어려워서 해결하지 못해도 괜찮다. '어느 부분이 가장 어려웠어요?' '그 부분 누가 도와줄 수 있어요?' 하고 연결해 주면 된다. 모둠장, 아이들을 또 한 번 피동적인 존재로 만드는 가장 불필요한 장치 중 하나가 아닐까?

단원평가

왜 수업은 교사가 했으면서, 평가는 사설 사이트의 단원 평가지를 고집할까? 왜 교사 스스로 수업과 평가를 분리할까? 교육과정으로 디자인한 수업에서 아이들이 잘 배웠다면, 불안해하지 않아도 된다. 지필평가가 없어진 초등 교실에서 유료 사이트 단원 평가지는 여전히 중요한 제재이다. 학원에서 미리 학습한 아이들은 이 평가지 오답 처리까지 마스터했다. 수업 시간 활동지 자체가 평가의 근거로 충분하다. 누적된 활동지는 과거의 배움과 현재의 배움을 연결해 주고, 수업 과정의 기록으로 소중하다. 하지 않으면 허전할 것 같은 관성 때문이라면, 다시 생각해 보자.

수업이, 교실이 무겁지 않은가. 불필요한 루틴을 버리고 미니멀 클래스로 다이어트해 보자. 내 수업에서도 덜어낼 것이 있는지 살펴봐야겠다. 무심하고, 가볍게….

부록

수업이 남긴 무늬

수업이 남긴
무늬

수업 주제는 받침이 있는 글자 읽기와 쓰기다. 선생님은 아이들이 어려워하는 내용을 공개수업 주제로 선택하셨다. 학급 전체 8명 중 3명이 한글 공부를 어려워한다. 3명은 읽고 쓰기를 거의 못한다. 오늘 수업에서는 받침이 있는 글자를 쓰기까지 해야 한다. 한글을 어려워하는 아이들에게 조금이라도 재미있게, 도와가며 배우는 기회를 주고 싶다고 하셨다. 선생님은 글자가 아이들 삶과 연결되기를 바라셨다. 그렇지, 언어는 학문 이전에 생활이었지. 수업을 참관하는 내내 선생님 수업 철학이 교실에 드리워 아이들을 휘감았다. 수업자 철학과 수업 내용의 일치!

배움 주제는 '받침을 넣어 글자를 만들어 봅시다'이다.

❶ 칠판에 '가나코'를 쓰고, '강낭콩'으로 받침 붙여서 읽기
❷ 교실 그림이 그려진 활동지에 받침 스티커 붙이기(짝 활동)

❸ 교실에 있는 여러 가지 물건에 이름표 만들어 붙이기(짝 활동)

배움 주제가 간단명료하다. 선생님은 강낭콩 실물을 보여주면서 칠판에 글자 자석으로 '가나코'를 붙인다. 아이들은 '응, 응, 응' 하면서 벌써 이응을 붙여야 글자가 완성된다는 것을 서로 알려 준다. '아하, 이런 식으로 오늘 글자를 만들면 되는구나.' 요란한 동기유발이 없어도 아이들은 배움에 성큼 들어온다. 시작이 가볍다. '받침을 넣어 글자를 만들어 봅시다.' 선생님을 따라서 주제를 천천히 두 번 읽는다. 태영이가 손을 들고 질문을 한다.

> **태영:** 선생님, 물어볼 게 있어요.
>
> **교사:** 그래, 태영아.
>
> **태영:** 글씨를 쓰는…
>
> **교사:** 네?
>
> **태영:** 글씨를 쓰는 거예요?

태영이 태도가 조금 이상하다. 글씨를 쓰는 거냐고 질문을 하는데, 선생님과 눈도 맞추지 않는다. 선생님이 자기 질문에 친절하게 대답해 주시지만, 태영이는 여전히 쑥스럽다는 듯이 자기 손톱만 보고 있다. 나중에 알게 되었다. 한글 공부에 어려움이 있는 아이라는 것을. 아이는 걱정이 되어서, 오늘 활동을 구체적으로 물었다. 마음이 짠하다. 태영이의 불안, 한글을 어려워하는 몇몇 아이들의 이런 불안을 선생님은 충분히 헤아리신다. (선생님이 얼마나 아이들을 기다려 주고, 편안하게 한 마디 한 마디 도와주시는지 보았다. 아이들도 선생님 마음을 잘 안다. 그래서 그 긴긴 시간 동안 배움에서 벗어나지 않고 최선을 다한 것 같다.)

선생님이 스티커 붙이기 활동지를 보여주니까, 태영이도 고개를 들고 선생님을 본다. '아, 나도 재미있게 할 수 있을까? 아주 어려운 것은 아니네.' 이런 마음이었을 것 같다. 여기서 또 배운다. 나선형 활동 구조가 절실하구나. 처음부터 어려우면 아이들이 아예 수업에 발을 들이지 않을 수도 있겠구나. 태영이가 조금 안심한다는 눈빛을 보낸다. 선생님이 스티커 활동을 설명하고 나서 할 수 있는 사람 손 들라고 할 때 아이들 모두 손을 들었고, 태영이는 두 손을 번쩍 들었다. 태영이를 아이들 가운데 자리에 앉게 하신 세심함도 배웠다.

아이들은 배움 주제를 반복해서 만난다. 자석으로, 스티커로, 이름표로 계속 만난다. 그 사이사이 계속 짝이랑 읽고, 전체가 또 읽는다. 저학년 수업에서 같은 주제를 지루하지 않게 다른 방법으로 계속 만나면 아이들은 어려운 것도 안심하고 배운다. 교실 모습이 그려진 그림에 받침 스티커를 붙일 때 아이들이 짝과 순서를 정해서 즐겁게 한다. 평소에 하던 편안한 짝 활동 습관이 보였다. 재미있는 스티커 앞에서도 욕심 부리지 않고, 못하는 친구를 배려할 줄 안다. 이렇게 자란 아이들은 2학년 때 모둠활동도 잘 할 것이다. 배움에 정중한 학습 습관이 갖춰진 총명한 아이들이다.

> **혜민:** 나는 먼저 (책상을 가리키면서) 이것부터 할게.
>
> **규연:** (혜민이가 책상 스티커를 뜯고 있는 동안에) 책! 상! 맞아?
>
> **혜민:** 응, 맞아. 책상!
>
> **규연:** 나는 제일 쉬운 것 (책을 가리키면서) 이것 할게.
>
> **혜민:** 그럼 나는 다음에 칠판 (할게.)

칠판의 '판'을 '안, 안, 안' 발음해 주면서 규연이에게 알려 준다.

아이들이 친구를 편하게 대하면서 짝 활동을 즐긴다. 안심하고 배우는 교실이다. 1학년을 데리고 3개월 만에 이런 모습을 만드신 선생님도 멋지고, 아이들도 멋지다. 이게 가능하구나. 안 된다고 쉽게들 말한다. 사실은 안 되는 것이 아니라, 안 되어야 하는 이유를 찾고 있던 것은 아닐까?

태영이가 '필통'을 완성하려고 하는데 조금 주저한다.

> **유민:** 필! 을소리, 을소리, 을!

힌트를 듣고 태영이는 리을을 필통의 '필'에 붙인다.

> **유민:** 통! 응소리, 응소리, 응!

태영이는 유민이의 발음을 듣고 이응을 완성한다.

교사: 유민아, 천천히 기다려 주면 태영이가 혼자 할 수 있을 거야. 기다려 주자.

유민이는 말없이 기다려 준다. 유민이는 한글을 잘 안다. 쉬운 글자를 친구에게 양보하고, 태영이에게 '을소리, 응소리'를 계속 들려주면서 도움을 주려고 애쓴다. 기특하고 이쁘다. 어떻게 어린아이들이 이렇게 자상할 수가 있지? 신기하다. 비결은 바로 선생님 말투에 있다. 세상 다정하다. 아이들은 담임을 닮아 간다.

건이: (혜리에게) 이거 뭐야?

혜리: 그거 필! 통!

건이: 어?

혜리: 필! 통!

건이: 천천히 다시 읽어 줘.

혜리: (천천히 또박또박) 필!

건이: (손에 있는 스티커에서 리을을 못 찾고) '필'이 어떤 거야?

혜리: 필!

교사: 혜리야, '필'을 어떻게 도와줘야 할까?

혜리: (칠판을 보면서 도와줄 방법을 찾다가) 리을!

건이: 리을? (리을을 붙인다)

건이: 통? (이응을 가리키면서 혜리에게 맞는지 물어본다.)

혜리: *(고개 끄덕이면서)* 응!

건이와 혜리의 짝 활동을 보면서 '질문'에 대해서 다시 배운다. 이 아이들은 '다시 질문하기'를 잘한다. 모를 때 '이거 어떻게 해?'를 할 수 있고, 알려줬는데 잘 모를 때 다시 묻는다. 서로 배우는 전제조건이다. 한 번 알려 줬는데 모르면 대부분 되묻지 않는다. 하지만 건이는 혜리에게 계속 묻는다. 친구를 신뢰하고, 배움 앞에서 끝까지 포기하지 않는다. 건이는 어려운 글자 앞에서 자기가 할 수 있는 최선을 다한다. 탁월성은 어려운 문제를 해결하는 능력이 아니라, '자신이 할 수 있는 최선의 경험을 하는 것'이다. 그 경험이 '질 높은 배움'을 만든다. 다른 짝들은 스티커를 끝내고 읽기를 시작하지만, 건이와 혜리는 느긋하게 자신들의 속도로 배우는 것에 익숙하다. 멋지다. 두 아이는 소리 맞춰서 함께 읽는다. 건이는 잘 못 읽는 낱말도 있지만, 신이 나서 혜리 목소리에 귀를 쫑긋 세우고 따라서 읽는다. 입 모양을 가로막는 마스크가 야속하다. 끝까지 완성해 본 경험이 얼마나 값진가. 비록 혜리의 도움을 받아 하나하나 물어서 붙였지만, 건이가 대견하다. 이 값진 경험을 이 교실이 아니면, 이 선생님이 아니면 어디서 할 수 있을까?

마지막 팀까지 끝나니까 선생님은 작은 소리로 노래를 부른다. 선생님 노래를 들으면서 아이들은 여유롭게 천천히 자리를 정리한다. 다 그치지 않고도, 긴장시키지 않고도 이렇게 주의집중을 하게 할 수 있구나. 요란함 없이 고요하고 가벼운 수업, 아이들 성품이 저절로 온화해질 것 같다.

　낱말을 읽을 때 선생님은 그냥 대충 읽지 않고, 정확한 발음으로 읽도록 또박또박 천천히 읽어 주신다. 선생님의 조용한 목소리 톤과 부드러운 어조는 수업을 부산스럽지 않게 한다. 선생님이 목소리를 낮추면서 수업을 차분하게 만들고 여백을 준다. 1학년 수업인데도 선생님은 꼭 필요한 최소한의 발언으로 설명을 아끼고 아이들이 마음껏 떠들도록 한다. 또 한번 배운다.

> **교사:** 우리 교실에 있는 물건에 이름표를 달아 봅시다.
>
> **아이들:** 이름표요?
>
> **건이:** 물건 이름 말고 우리 형아 이름….
>
> **교사:** 건이야, 형아 이름 말고 교실에 있는 물건에 이름표를 달아 볼 건데.
>
> **교사:** 우리 교실 물건에 이름표를 달아 봅시다. 하나만 (같이) 해 볼까요?
>
> **건이:** 저요! (태블릿 모아 둔 곳으로 가서 엄청 쑥스러운 듯) 태블릿 피시!
>
> **교사:** 방금 건이가 뭐라고 했어요?
>
> **아이들:** 태블릿 피시!

교사: (선생님도 태블릿 피시가 있는 구석으로 가서) 이 이름은? 다 같이!

아이들: 태블릿 피시!

건이는 텀블링을 두 번 하고 자기 자리로 돌아온다. 건이는 왜 교실의 많은 물건을 두고 구석까지 가서 '태블릿 피시'를 예로 들었을까? 평소 공부에 어려움이 많은 건이는 잘하고 싶은 마음이 컸다. 그런데 선생님이 자기가 발표한 태블릿 피시를 직접 들어 보이면서 다 같이 말했다. 건이의 뿌듯함과 기쁨은 이루 말로 표현할 수 없었으리라. 그래서 자리에 돌아올 때 텀블링을 두 번 했다.

그러고 보니 수업 시작 바로 전, 건이는 선생님께 텀블링 한 번만 하고 공부를 시작하자고 부탁했다. 선생님은 허락했고 건이는 텀블링을 하고 나서 수업 촬영을 위해 카메라를 들고 있는 이 낯선 선생님에게 씩 웃어주었다. 나에게 자신의 텀블링 실력을 자랑하고 싶었나 보다. 나도 이 작은 사람에게 활짝 웃어 주었다. 수업 중 건이는 스스로 자랑스러운 지점에서 또 한 번 텀블링을 했다. 건이의 이 행동은 어찌 보면 위험할 수도 있다. 수업 중에 위험하다고 바로 혼내는 것이 좋을까, 아니면 스스로 자랑스러워서 저절로 나온 행동을 그냥 모른 척 눈감아주고 수업을 진행하는 것이 맞을까? 만약 많은 선생님 앞에서 혼내거나 엄격하게 제재했다면 건이는 앞으로 담임 선생님에게 마음을 닫아 버리지 않을까? 정말 위험하거나 수업에 방해된다고 판단되면 수업 후에 따로 말해도 될 것 같다. 이 상황에서 선생님은 그냥 넘어 가셨다. 공부에 어려움을 많이 겪는 건이가 자기 스스로 뿌듯해서 한 행동이니까, 친구들 앞에서는 혼내지 않고 쉬는 시간에 조용히 위험 하다고 이해시켰다. 어린 건이의 자존감도 중요하다고 판단하시는 선 생님의 내공이 돋보였다. '아, 1학년 수업에서는 정말 어떤 일이 일어날 지 아무도 모르는구나.'

선생님은 건이, 태영, 규연이를 많이 지명했다. 이 아이들이 손을 들거나, 질문을 할 때는 특별히 경청하고, 어떤 작은 발언도 다 들어 주신다. 어려움이 있는 아이들이기 때문에 한 시간 내내 섬세하게 돌 보는 마음이 보였다. 친구가 '박애경' 이름표를 만든 것을 보고 건이도 형의 이름표를 재빨리 만들어서 칠판에 붙였다. 선생님은 건이에게 발 표 기회를 주고, 받침이 3개인 것도 확인해 주고 격려했다. '상황과의 대화'의 정석이다.

두 번째 스티커 활동에 이어 실제 교실에 있는 물건에 이름표를 만들어 붙인다. 활동의 자연스러운 연결은 아이들 배움을 물 흐르듯 이어 준다. 이 어려운 것이 아이들에게 공부가 아닌 '언어생활'이 되 는 지점이다. 아이들은 나선형으로 연결된 활동들이 난이도가 올라 가는 차이를 느끼지 못하고 점점 빠져든다. 멋진 디자인이다. 선생님 이 수업자 철학에 쓴 내용이 수업 안에서 교실로 뛰어나와 통통거리며 아이들을 따라다니는 것 같다. '친구'를 적어서 친구 등에 붙이고, '선생님'을 적어서 담임 선생님 등에 붙이고, '카메라'를 적어서 촬영 중인 내 카메라에 붙이고, '연필'을 적어서 친구가 쓰고 있는 연필에 붙이고…. 수많은 이름표가 교실에 덕지덕지 붙는다. 아름답다. 한 명의 아이도 이 순간에 배움으로부터 소외되지 않고 맘껏 즐긴다.

'아, 글살이에서 말살이로 가는 변화가 이것이구나.'

'삶 속에서 언어를 배우는 것이 이것이구나.'

'점프가 궁극의 배움이라는 말이 이것이구나.'

'삶과 연계된 배움, 질 높은 배움이 이런 것이구나.'

마무리는 받침이 없는 이름표를 아이들이 직접 찾으면서 읽었다. 선생님은 아이들과 함께 맞춤법 오류도 찾으면서 수정해 나갔다. (박애갱 → 박애경, 시게 → 시계, 태블리 → 태블릿, 복숭아 → 봉숭아 등) 실수가 편안하게 받아들여지는 교실이다. 선생님 이름을 고치는 것부터 약간 장난스럽게 분위기를 만드시면서 오류를 정정했다. 실수를 잘못한 일로 여기지 않고, 수정하면서 즐길 줄 안다. 맞춤법 오류를 수정할 때 한글을 아직 잘 못 읽는 아이들에게 기회를 많이 주었다. 잘하는 아이들은 응원하면서 기다려 준다. 기특하다. 1학년이니 그것도 모르냐고 친구를 타박할 만도 한데 어쩌면 그렇게 배려할 수 있는지, 선생님이 아이들을 기다려 주는 모습을 보고 배워서 아이들도 친구들을 기다려 준다. 도중에 선생님이 정확하게 발음하는 입 모양을 보여주면서 수정하시는 것도 보았다.

> **교사:** 오늘 교실 물건들에 이름표를 만들어 줬는데, 물건들이
> 좋아할까요?
>
> **아이들:** 네!
>
> **태영:** 아니오.
>
> **교사:** 선생님은 '박애갱'이었는데, 태영이가 '박애경'이라고 바
> 르게 써 주어서 좋았어요.
>
> **태영:** 난 안 좋았어요.
>
> **교사:** 태영이는 왜 안 좋았어요?
>
> **태영:** (자신 없는 작은 목소리로 들릴 듯 말 듯) 왜냐하면, 나
> 는 그 뭐였지⋯ 리을 같은 거, 그 시옷으로⋯ 리을 같은 거⋯
> 그게 속상했어요. (고개를 숙인다.)
>
> **교사:** 그랬구나. 그럼 우리 태영이 다음에 받침까지 제대로 배
> 워서 잘해 보자.

선생님은 수업을 마치기 전 태영이를 또 한 번 격려하신다.

선생님은 한 아이의 목소리도 놓치지 않고, 존중하고 다 들어준다.
나는 누군가 '아니오'라고 말했다면 수업에 대한 부정적인 이야기가 연
결될 것이 뻔하기에 못 들은 척하며 수업을 마무리하고 싶었을 것 같
다. 부담스러운 반응을 굳이 들추고 싶지 않기 때문이다. 그런데 선생
님은 태영이 마음을 읽고, 존중했다. 좋은 발언만을 듣지 않고, 어떤

발언도 놓치지 않으신다. 광의의 수업 디자인이다.

선생님은 식상하고 흔한 질문조차 생략하셨다.

"오늘 수업에서 배운 점은 무엇인가요?"

"오늘 수업에서 느낀 점은 무엇인가요?"

흔히 수업 마무리 단계에서 하는 이런 질문은 아이들이 한 시간 내내 즐겁게 빠져들어서 공부했는데도, 자기 배움을 급하게 형식화하게 한다. 아직은 아이들이 자기 느낌을 조리 있게 정리해서 말로 표현하는데 서투르기 때문이다. '선생님이 느낀 점을 물어보시네. 뭐라고 말하지? 아까 활동들 재미있었는데, 발표하려니까 생각이 안 나네. 그냥 아무거나 말하자.' (스티커 붙이는 것이 재미있었습니다. 이름표 만드는 것이 재미있었습니다.)

한 시간 수업을 식상한 표현으로 치환시키는 발언은 말하는 아이도 듣는 아이도 오늘의 고귀한 배움을 가볍게 만든다. 마지막에 태영이처럼 자기가 정말 하고 싶은 말은 서툴러도 스스로 꺼낼 수밖에 없다. 태영이는 얼마나 투명한 아이인가? 자기가 못해서 이 시간 수업이 속상했단다. 수업 시작할 때 태영이가 걱정스럽게 선생님에게 한 질문('선생님, 글씨를 쓰는 거예요?')이 다시 떠오른다. 얼마나 잘하고 싶었으면… 살아 있는 느낌이다. 이보다 더 배움에 정중할 수 있을까? 태영이에게 배운다.

박애경 선생님 수업을 보고 그동안 우리가 수업에서 얼마나 효율을 추구해 왔는지를 성찰했다. 교사들은 수업에서 쉬운 방법으로 빨리 정답을 맞히게 하려는 유혹에 빠진다. 이 작은 아이들은 '배움'이란 텍스트와 만나고, 타자와 만나고, 세상과 만나고, 종국에는 자기 자신과 깊이 있게 만나는 일임을 보여주었다. 대충 만날 수도 있고, 깊이 만날 수도 있다. 아이들은 친구들의 도움을 받아서 '깊이 만나는 길'을 경험했다. 수업을 디자인하면서 선생님은 입버릇처럼 말씀하셨다.

"선생님, 저는 배움중심수업은 처음이에요. 1학년도 오랜만에 해요. 모든 게 어려워요. 하지만 제가 아이들에게 조금이라도 좋은 배움 습관을 주면 우리 아이들이 계속 잘 배울 것 같아서 힘들지만 포기할 수가 없어요."

숙연해진다. 손불서초 모든 선생님들의 수업에 대한 열정, 동료 교사 수업에 대한 정중함, 수업공개에 대한 용기, 배운 것과 책에서 읽은 것을 터덕터덕 한 걸음씩 실천하는 우직함…. 교사는 가르치고 배우는 사람으로서, 아이들은 탐구하면서 배우는 학생으로서 두 존재 모두 수업 안에서 성장한다. 오늘 수업은 통통 튀는 아이들이 만들어내는 돌발의 배움으로 가득했다. 그럼에도 차분하고, 평화롭고, 주제의 물줄기에서 벗어나지 않았다. 선생님은 소리 없이 아이들 곁으로 가서, 아이들이 친구 손을 잡을 수 있게 돌보셨다.

수업이 끝나고 주차장으로 나오는데 축구 골대 앞에서 아이들이 놀고 있었다. 다가가서 보니 땀을 뻘뻘 흘리며 신발 멀리 던지기 내기를 하고 있다. 건이는 신고 있던 양말까지 벗은 채 자기 운동화를 가장 멀리 던진다고 자랑한다.

건이: 선생님 봐 봐요. 제가 얼마나 멀리 던지는지.

나: 그래, 한번 볼까?

건이가 있는 힘껏 신발을 던진다.

나: 우와, 정말 잘한다. 최고다 최고!

건이가 마스크 안에서 쑥스럽게 씩 웃는다. 그 모습이 얼마나 이쁜지, 조금 전 수업 시간에 '태블릿 피시'로 선생님께 칭찬받을 때의 그 웃음이다. 돌아오는 차 안에서 박애경 선생님 반, 작은 아이들을 떠올렸다.

'강부미, 너는 지금 네 자리에서 최선을 다하는 경험을 하고 있니? 글쎄…, 자신 있게 말할 수 없다고? 그렇다면 좀 배워 봐. 손불서초 1학년 아이들에게. 최선을 다한다는 것은 바로 그런 거란다. 수업 시간에는 땀을 삐질 흘리면서 완벽한 몰입을 하고, 수업 후에는 양말을 벗어 던지고, 친구들과 신나게 노는 건이를 보고 뭐 느낀 것 없어? 그게 바로 삶을, 현재를 완벽하게 사는 거야. 멀리 함평 손불까지 와서 박애경 선생님께 많은 것을 배워 가는데, 덤으로 건이에게 컨설팅을 제대로 받고 가는구나. 인생 컨설팅….'

수업 디자인 전 과정을 함께 고민하면서 즐겁게 만들어 주신 박애경 선생님께 깊이 감사드린다. 한 편의 좋은 수업으로 요동치는 감동을 주셨다. 이 수업, 이 아이들 눈빛에서 한동안 헤어나지 못할 것 같다. (*아이들 이름은 가명을 사용했다.)

〈2021년 6월 9일 함평 손불서초등학교 1학년 1반 박애경 선생님 국어 수업〉
주제: '받침을 넣어 글자를 만들어 봅시다' 중에서

닫는 글

어느 교사의 작은 행복

가끔 아이들과 한시(漢詩)를 읽었다. 박재희 교수는 『3분 고전』에서 어려운 한시를 6학년 아이들과도 즐길 수 있게 풀어 주셨다. 그중 '일반청의미(一般淸意味)'로 아이들과 속 깊은 대화를 나누던 기억이 난다.

> 달은 하늘 깊은 곳에 이르러 새벽을 달리는데,
>
> 어디선가 바람은 불어와 물 위를 스쳐 가네.
>
> 너무나 사소하지만 일반적이고 밝고 의미 있는 것들
>
> 아무리 헤아려 봐도 이해할 수 있는 사람 아주 적네.
>
> 『3분 고전』, 박재희, 작은씨앗, 2016년, p.108~109

남들이 이해하지 못하는 즐거움을 시인 소강절이 혼자 오롯이 느끼는 행복감이 잘 나타나 있다. 박재희 교수는 '어느 시인의 작은 행복'이라고 소제목을 붙였다. 시인의 마음이 그대로 아이들에게 전해졌다.

"선생님, 저 저거 알아요. 저 기분 뭔지 알 것 같아요."

"그렇지, 나도 뭔지 알 것 같다."

"아, 지난번 그 시 뭐였더라… 고마운 일. 그 시랑 뭔가 느낌이 비슷해."

"아, 나도 방금 그 생각하고 있었는데."

"〈조용한 일〉, 김사인 맞지?"

아이들은 이렇게 김사인을 다시 만나고, 천 년의 시간을 넘어 소강절과 공명한다. 우리 반 수업은 작고 아름다운, 소박한 일상이다.

교사들이 코로나19 이전의 향수에서 쉽게 헤어나지 못하고 힘들어한다. 나 역시 수업 안에서 아이들과 서로 길들여지는 평화로운 프로세스가 그립다. 코로나로 2년 가까운 시간을 보내면서 거리두기 칸막이와 마스크에 막힌 답답함은 대상 없는 분노로 이어졌다. 코로나 첫 학기, 매일 새벽 마감 독촉을 받는 온라인 수업은 나를 만신창이로 만들었다. 가끔 등교한 아이들은 멍하니 넋이 나가 있었고, 경청은커녕 배움에 아무런 의욕이 없는 아이들도 많았다. 서점은 이때다 하며 코로나 시대에 교육이 살아남는 스킬을 다룬 책들을 내놓았다. 한 학기를 이렇게 보내면서 몸은 지치고 마음은 외로웠다.

더 이상 버틸 수 없을 만큼 에너지가 소진될 즈음, 2020년 3주간의 짧은 여름 방학이 왔다. '지금 네가 정말 하고 싶은 일은 무엇이지?' 오전에는 책을 읽고, 오후에는 글을 쓰고, 저녁에는 걸음을 걷자. 이 단순한 일과가 아마도 지친 나를 위로해 주리라. 2015년 '배움의공동체'를 만난 후 '배움중심수업'에 빠져 매일 한 시간 한 시간이 참으로 설레는 순간들이었다. 아이들은 '배움의 희열'을 알아 가고, 행복한 기운은 교실을 감쌌다. 그래, 아무것도 아니던 내 수업이 아무것이 된 그 기억을 글로 쓰자. 잊기 전에 써서 나누자.

나에게는, 우리에게는 '사부 손우정'이 있다. 그는 강원도에서 제주도까지 전국 수백 개 학교 교실을 두드리며 수업을 열자고 외친다. 전국의 모든 교사에게 수업으로 함께 배우자고 호소한다. 한 명의 아이도 배움에서 소외되지 않는 교실, 한 명의 교사도 수업에서 소외되지 않는 학교를 꿈꾼다. 아이들이 어떻게 배우는지, 교사들이 어떻게 수업 전문가로 성장할 수 있는지를 연구하고 아낌없이 나눠준다.

아이들에게 가 닿지 않는 수업, 가르치기만 하는 수업, 수업 비슷한 수업이 아닌, '진짜 수업'을 하자고 주장한다. 아이들에게 진정한 배움이 일어나고 교사가 전율하는 그런 수업을 할 수 있다고, 어렵지 않다고, 때로는 잠긴 목청으로 토로한다. 내 귀에는 그 음성이 이 땅의 아이들과 교사들에 대한 뜨거운 사랑을 이기지 못하여 울먹이는 듯이 들린다. 그의 강렬한 시선에는 교육 현장을 바라보는 안타까운 마음이 담겨 있다.

그는 교사들이 있는 곳이면 어디든 마다하지 않고 달려간다. 언젠가 그가 광주에서 교사 연수를 마치고 가는 길을 배웅한 적이 있다. 많은 사람이 북적거리는 송정역 대합실에서 노트북 가방과 갖가지 자료가 담긴 무거운 짐 가방을 양손에 들고 기차에 오르는 뒷모습을 보았다. 지친 듯 기우뚱한 어깨에 스스로 짊어진 소명감이 가방보다 무겁게 얹혀 있었다. 오직 배움과 수업을 향한 애정으로 20년 넘게 이어온 고단한 여정에 말로 다 할 수 없는 경의를 바친다.

얼마 전 또 한번 가슴이 먹먹해지는 뉴스를 접했다. 하굣길, 갈 곳 없이 방황하다 결국 극단적 선택을 한 아이의 사연이었다. 일면식도 없는 그 아이를 떠올리는 것만으로도 눈물이 나고 한없이 괴로웠다. 내가 이리도 슬픈 이유가 무엇일까? 모든 아이가 '우리 아이들'이기 때문이다. 언론과 여론은 앞다투어 입시제도와 무한경쟁의 사회 구조가 원인이라면서 안타까워했다. 다 맞다. 입시제도, 학벌주의, 경쟁사회가 우리 아이들을 내몰고 있다.

그런데 나는 그 순간 우리 교실 수업이 떠올랐다. 나는 한 명의 교사일 뿐이다. 내 힘으로 입시제도 한 자락도 바꿀 수 없고, 우리 사회 경쟁 구조는 더더욱 건드릴 수조차 없다. 그렇지만 한 시간 수업은 내 힘으로 바꿀 수 있다. 아이들이 마음껏 살아날 수 있는 장을 마련해 주고, 옆에서 흐뭇하게 바라볼 수 있는 무한 권력이 나에게 있다. 친구들과 대화하고, 협력해서 탐구하고, 모르는 것을 짚어 질문하고, 세계와 타자와 자신을 사유하는 멍석을 깔아 줄 수 있다. 한 명 한 명이 자신의 스토리를 만들고 건강하게 지금을 살아가도록 도울 수 있다. 나는 분명히 그렇게 할 수 있다. 내 수업 안에서.

생각이 여기에 닿으니, 더욱 선명해진다. 한 명의 선생으로서 나는, 우리는 정말 수업을 잘해야 하는구나. 아이들이 자신을 한 인간으로 존엄하게 세울 수 있는 수업을 해야 하는구나. 수업이 곧 인문학이구나.

마스크를 벗고 친구와 선생님 얼굴을 마주 보며 대화하고, 배움이 주는 맑고 잔잔한 기쁨을 즐기는 일상이 어서 오기를 기원하며….

우리 아이들의 소박한 이야기를 책으로 만들어 준 나무에게 미안하고 고맙다.

2021년 초겨울

30시간 2학점 원격연수

손우정 대표와 함께하는 배움의 공동체
현장 연수를 기초로 만들어진 최다 수강강좌!

[new기본]배움의 공동체,
수업이 바뀌면 학교가 바뀐다

배움의 공동체가 한국에 소개된지 벌써 10여 년이 훌쩍 넘었습니다. 그동안 배움의 공동체는 큰 관심을 받았고,
학교 현장에서는 많은 변화가 있었습니다. 많은 학교와 교사가 진정한 '배움의 공동체'를 만들기 위해 실천하고 있습니다.
배움의 공동체의 시작부터 현재까지, 그리고 배움의 공동체 기본 철학을 살펴봄으로써
단순히 수업의 겉모습을 바꾸는 것이 아니라 진짜 배움이 일어나는 교실을 만들어 보고자 합니다.

<table>
<tr><td>

<배움의 공동체 개요>

1. 배움의 공동체란
2. 21세기 사회와 학교
3. 배움의 공동체 비전과 철학적 원리
4. 일본 배움의 공동체 실천 사례
5. 국내 배움의 공동체 실천 사례

<활동 시스템 I : 배움 중심 수업>

6. 배움의 재개념화
7. 활동적인 배움 I
8. 활동적인 배움 II
9. 협동적인 배움 I
10. 협동적인 배움 II
11. 표현적인 배움
12. 점프가 있는 배움
13. 수업의 기본기법 I
14. 수업의 기본기법 II
15. 교사의 역할: 듣기
16. 교사의 역할: 연결짓기
17. 교사의 역할: 되돌리기

</td><td>

<활동 시스템 II : 수업 연구>

18. 수업의 임상적 접근: 수업사례연구
19. 교내연수의 방향과 형태
20. 교내연수의 절차와 방법
21. 수업연구협의회의 구축
22. 수업연구협의회의 실제
23. 수업비평의 실제: 초등학교
24. 수업비평의 실제: 중학교
25. 수업비평의 실제: 고등학교
26. 수업연구시스템의 구축 I
27. 수업연구시스템의 구축 II

<활동 시스템 III : 학습 참가>

28. 학습참가
29. 학습참가의 실제
30. 교사라는 아포리아

</td></tr>
</table>

강의 손우정

전 하자센터 배움공방 대표 / 전 월간 우리교육 기획위원 / 전 서울시 대안교육센터 전문위원
현 배움의공동체연구회 대표
부산대학교 교육학과 bk전담교수 / 서울대 경인교대 강사
서울시교육청 학교혁신 추진단 자문위원 등

30시간 2학점 원격연수

배움의 공동체 철학이 담긴 수업 속으로
좀 더 깊이 들어가서 살펴본다

[심화]배움의 공동체, 수업이 바뀌면 학교가 바뀐다

배움의 공동체가 한국에 소개된지 벌써 10여 년이 훌쩍 넘었습니다. 그동안 배움의 공동체는 큰 관심을 받았고,
학교 현장에서는 많은 변화가 있었습니다. 많은 학교와 교사가 진정한 '배움의 공동체'를 만들기 위해 실천하고 있습니다.
배움의 공동체의 시작부터 현재까지, 그리고 배움의 공동체 기본 철학을 살펴봄으로써
단순히 수업의 겉모습을 바꾸는 것이 아니라 진짜 배움이 일어나는 교실을 만들어 보고자 합니다.

<이론>
1. 배움의 공동체란?
2. 배움의 공동체에서 말하는 '배움'
3. 협동적인 배움의 이론
4. 배움의 공동체와 수업 연구
5. 배움 디자인
6. 수업에서 무엇을 볼 것인가
   (수업을 보는 TIP)

<국어>
7. 국어교과와 배움
8. 국어과 수업 대화
9. 국어과 수업 비평

<수학>
10. 수학교과와 배움
11. 수학과 수업 대화
12. 수학과 수업 비평

<미술>
13. 미술교과와 배움
14. 미술과 수업 대화
15. 미술과 수업 비평

<역사>
16. 역사교과와 배움
17. 역사과 수업 대화
18. 역사과 수업 비평

<기술/가정>
19. 기술/가정교과와 배움
20. 기술/가정과 수업 대화
21. 기술/가정과 수업 비평

<과학>
22. 과학교과와 배움
23. 과학과 수업 대화
24. 과학과 수업 비평

<영어>
25. 영어교과와 배움
26. 영어과 수업 대화
27. 영어과 수업 비평

<총정리>
28. 중학교 실천 사례
29. 고등학교 실천 사례
30. 총정리 및 질의응답

강의 손우정
전 하자센터 배움공방 대표 / 전 월간 우리교육 기획위원 / 전 서울시 대안교육센터 전문위원
현 배움의공동체연구회 대표
부산대학교 교육학과 bk전담교수 / 서울대 경인교대 강사
서울시교육청 학교혁신 추진단 자문위원 등

30시간 2학점 원격연수

1시간 수업에 담긴
수업 철학과 실천의 이야기

배움의 공동체,
수업디자인

학교 혁신의 바람을 이끌어온 배움의 공동체의 수업 디자인 사례를 만난다!
배움의 공동체가 추구해온 한 명의 아이도 배움에서 소외되지 않는 질 높은 배움이 무엇인지 뚜렷하게 보여주어
교사의 교육적 상상력을 높이고 교육과정 재구성, 수업, 평가로 이어지는 수업 디자인을 실천할 수 있게 해줍니다.

교사의 배움

1. 왜 수업인가 – 수업혁신의 배경과 방향
2. 수업디자인과 교육과정 리터러시
3. 수업디자인을 위한 성취기준 이해와 활용
4. 수업디자인 실습(1)
   – 교육내용 편성 원리와 흐름
5. 수업디자인 실습(2)
   – 교육과정 재구성의 실제

교사의 실천

6. 주제가 있는 수업디자인
7. 활동, 협동, 표현하는 배움이 있는 수업디자인
8. 아이들과 교재를 어떻게 만나게 할까
9. 듣기에서 시작되는 수업디자인
   – 활동지의 변화과정
10. 고 3 교실에 꽃 핀 배움 중심 수업
11. 평가와 기록, 성장과 변화를 담다
12. 배움 중심 수업으로 전환, 1년의 기록
13. 배움 중심 평가로 전환, 1년의 기록
14. 활동적 배움의 의미 – 수업디자인의 변화

15. 삶과 연계한 교육과정 재구성
16. 돌봄이 있는 과정형 평가
17. 수업 구체화와 교사의 마음가짐
18. 1시간 수업디자인 흐름 잡기
19. 서로 묻고 답하는 열린 평가
20. 수업의 변화, 교과의 재발견
21. 배운 지식을 활용하는 실습 수업디자인
22. 한 분야의 깊이있는 탐구
    – 프로젝트 수업디자인
23. 교육과정 재구성의 3단계와 교과융합
24. 도입–기본과제–점프과제의 흐름 이해
25. 성장을 격려하는 평가
26. 학교교육과정과 배움의 공동체 문화
27. 교육과정 재구성시 생각해볼 문제
28. 점프의 배움을 고민하는
    수업디자인과 평가
29. 나를 찾아가는 포트폴리오 수업디자인
30. 영혼을 흔드는 배움 중심 수업–평가

강의 한국배움의공동체연구회

손우정 한국배움의공동체연구회 대표 / 황금주 한국배움의공동체연구회 사무국장 / 육기엽 한국배움의공동체연구회 연구국장
손임영 한국배움의공동체연구회 운영위원 / 김형규 한국배움의공동체연구회 전남고흥대표
손민아 한국배움의공동체연구회 경기연천대표 / 윤준서 한국배움의공동체연구회전남대표
곽지영 한국배움의공동체연구회 운영위원 / 한수현 한국배움의공동체연구회 교육연수부장
전인원 한국배움의공동체연구회 운영위원 / 김말희 한국배움의공동체연구회 운영위원